増補改訂版

編み込み動物バッグ

東海えりか

棒針で編み、刺しゅうする
動物模様の
かばんとマフラー

誠文堂新光社

はじめに

『編み込み動物バッグ』が出版されてから8年が経ち、
この度、増補改訂版をお届けできることとなりました。
このような機会に恵まれたのは、
たくさんの方が動物バッグを編んでくださったおかげです。
とても嬉しく思います。ありがとうございます。

モチーフとなる動物たちが、自然に近い見え方でありながら
愛嬌も感じられるように、と試行錯誤した日々を思い出します。
そして今回は新たに2つの動物が加わり、
これからも永く利用していただけるように
糸情報を最新の内容に更新しました。

小さな編み目を積み重ねることによって
生まれてくる動物たちを
楽しみながら編んでいただけたら嬉しいです。

東海えりか

Contents

01 キツネ
作品→p.6　作り方→p.39

02 ウサギ
作品→p.7　作り方→p.70

03 ハシビロコウ
作品→p.8　作り方→p.72

04 子ペンギン
作品→p.9　作り方→p.74

05 ワオキツネザル
作品→p.10　作り方→p.76

06 リス
作品→p.11　作り方→p.78

07 オカメインコ
作品→p.12　作り方→p.80

08 ハリネズミ
作品→p.13　作り方→p.82

09 ネコ
作品→p.16　作り方→p.84

10 三毛猫
作品→p.17　作り方→p.86

11 クマ
作品→p.18　作り方→p.88

12 キリン
作品→p.19　作り方→p.90

13 柴犬
作品→p.20　作り方→p.92

14 パンダ
作品→p.22　作り方→p.94

15 子鹿
作品→p.23　作り方→p.96

16 ツバメ
作品→p.26　作り方→p.98

17 メンフクロウ
作品→p.27　作り方→p.100

18 コノハズク
作品→p.28　作り方→p.102

19 カンムリワシ
作品→p.29　作り方→p.104

20 トナカイマフラー
作品→p.30　作り方→p.106

21 ネコマフラー
作品→p.30　作り方→p.106

22 ライオンマフラー
作品→p.31　作り方→p.106

23 ライオン
作品→p.34　作り方→p.110

24 オオカミ
作品→p.35　作り方→p.112

25 ヤギ
作品→p.36　作り方→p.114

26 ロバ
作品→p.37　作り方→p.116

27 トナカイ
作品→p.38　作り方→p.118

p.2　はじめに
p.39　動物バッグの作り方
　　p.42　用意するもの
　　p.44　1. メリヤス編みで本体を編む
　　p.54　2. 刺しゅうをする
　　p.56　3. 組み立てる
　　p.58　4. 縁を編む
　　p.62　5. 持ち手を作る
　　p.66　6. 内袋を付ける
　　p.68　毛糸玉の作り方
p.69　編み図と刺しゅう図

01
キツネ

Fox
作り方→p.39

編み込み模様が中心で刺しゅうは少なめ。前後の柄がつながっているので、大きめに仕上げたい場合は左側の余白を広げるとバランスがよくなります。背景は冬景色をイメージしたツイード糸にしました。

02
ウサギ

Rabbit
作り方→p.70

グレーのグラデーションで彩ったウサギ。白系や茶系など、お好みの色に替えても楽しいと思います。ひげのカーブが自然に見えるように意識して刺しゅうしましょう。短い持ち手にアレンジしても。

03
ハシビロコウ
Shoebill
作り方→ p.72

頭部の冠羽は、ファーの糸でふんわりと刺しゅうします。翼の羽は細かいので、刺しゅう図と同じにならなくても気にせずに、編み込み模様をベースにして上部から徐々に細かくなることをイメージしながら刺しましょう。

04
子ペンギン

Baby penguin
作り方→ p.74

一番小さなサイズで刺しゅうも少なく、模様も複雑ではないので初心者の方におすすめです。灰色のファーの糸でひな鳥のフワフワした羽毛を表現しました。持ち手を短くしてミニバッグにしても可愛く使えます。

05
ワオキツネザル
Ring-tailed lemur
作り方→ p.76

名前の由来でもある、尾に入った輪の模様をより目立たせたくてファーの糸で編み込みました。ベースカラーは異なる色を引き揃えて杢調にしていますが、単色がお好みの方は同色2本どりで編みましょう。

06
リス

Squirrel
作り方→ p.78

刺しゅうで表現している背中や顔の模様は、「刺す」というより「描く」感覚の方が近いかもしれません。サイドの余白を狭くして縦長にしても。その場合は持ち手を短くするとバランスがよくなります。

07 オカメインコ
Cockatiel
作り方→ p.80

木にとまっている足はしっかりと力強く、冠羽は頭の編み込み部分と同化するように優しく空気を含ませるように刺しゅうします。黄色い鳥なので背景を青系にしても美しく仕上がります。

08 ハリネズミ

Hedgehog
作り方 → p.82

刺しゅうの刺し方で、でき上がりの印象が変わります。濃い色から刺していくとバランスがとりやすくなります。
向きと色が偏り過ぎないよう、全体を見ながら前側と後ろ側で分けて刺してください。

09
ネコ

Cat
作り方→p.84

ひげとアイラインの刺しゅうがポイント。自然に見えるように全体を見ながら刺しましょう。背景の色を替える場合は、同じ編み図で背景色だけを替えたネコマフラー（p.30）を参考にしてください。

10 三毛猫

Calico cat
作り方→p.86

この作品は、背景の糸が廃番になってしまったため、作り方ページには似た風合いになる推奨糸を記載しています。柔らかなモヘヤと華やかなラメを組み合わせることで生まれる新たな素材感をお楽しみください。

11
クマ

Bear
作り方→p.88

背景の色を替える場合は、暖色を組み合わせると相性が良いです。クマの配色を白系にするとシロクマになり、その場合は背景を青系の寒色にすると、シロクマの生息する北極とイメージがつながります。

12
キリン

Giraffe
作り方→ p.90

高い位置にキリンがいることを想定し、ショルダータイプの持ち手にしました。首の模様部分は糸を横に渡す方法で編んでもOK。その場合は渡した糸を引っ張り過ぎないように注意しながら編みましょう。

> 13
> 柴犬
>
> Shiba inu
> 作り方 → p.92

黒い顔に黒い目の輪郭を刺すのは難しいので、編み込み時は灰色で目の部分を編み、輪郭を刺してから目の中を黒で刺します。口角の上がり具合で表情が変わりますので、自分好みの顔を見つけてみてください。

21

14 パンダ

Panda
作り方 → p.94

前後に柄がつながっています。模様は他の作品より単純で、刺しゅうも少なめなので比較的作りやすいです。可愛らしい印象の強いパンダですが、背景の色を灰色にしてモノトーンでまとめると大人っぽく仕上がります。

15
子鹿

Fawn
作り方 → p.96

編み込み模様を編み終えた時点では、細い脚のラインがカクカクとしています。自然な美しい脚に見えるよう、線を整えるように刺しゅうをしてください。背中の模様は向きが揃い過ぎないようにランダムに刺します。

25

16
ツバメ

Swallow
作り方→p.98

暖かい季節の鳥なので明るい水色の背景にし、モヘヤの糸を使うことでツバメの糸と変化をつけました。羽の縁に刺す刺しゅうは目立つので自然な曲線を意識してください。後ろ側にも少しだけ編み込み模様が入っています。

| 17
メン
フクロウ

Barn owl
作り方→p.100

他の糸よりも太くフワフワしたファンシーヤーンはきつめに編みます。淡い配色のフクロウなので、背景色を替える場合ははっきりとした色を選ぶとシルエットがより引き立ちます。

18 コノハズク

Scops owl
作り方 → p.102

目を丸く縁取るのが少し難しいですが、作品のポイントとなる箇所なので、きれいな円になるように刺しましょう。細かい模様を連続して刺すときは、裏側で糸を引っ張り過ぎないよう気を付けて。

19
カンムリ
ワシ
Crested serpent eagle
作り方→ p.104

羽の刺しゅうが細かく多いので、一つ一つ刺し始めと終わりを確認しながら刺しましょう。短く何カ所も刺す部分は機械的なステッチにならないよう、微妙に向きや長さに変化をつけると自然な仕上がりになります。

21
ネコ
マフラー

3種類のマフラー

Reindeer / Cat / Lion scarf

作り方→P.106

20
トナカイ
マフラー

**22
ライオン
マフラー**

トナカイとネコのマフラーは前後で段数が異なります。脇をとじる際は、まち針で両端を留めると、ずれずにとじることができます。ライオンマフラーの刺しゅうに使用するファーの糸は、とても太く毛足が長いので優しく刺してください。ネコマフラーの裏側の糸は廃番になってしまったため、作り方ページには推奨糸を記載しています。

23
ライオン

Lion
作り方→p.110

34　　大きなバッグなので、重くならないよう軽い糸を使用しました。毛足の長いファーの刺しゅうの範囲を広げると、さらにワイルドなライオンになります。目と口の刺しゅうは、編み込み部分と自然に同化するように刺しましょう。

24
オオカミ

Wolf
作り方→ p.112

前後で段数が異なる作品。両脇をとじる際、ずれないように気を付けましょう。フワフワしたファーの糸は他の糸よりも太いので、この糸で編むときはきつめに編むようにしてください。

25
ヤギ

Goat
作り方→ p.114

この作品は、背景の糸が廃番になってしまったため、作り方のページには似た風合いになる推奨糸を記載しています。控え目で微妙なグラデーションが美しく、ピリング(毛玉)のできにくい糸です。

26
ロバ

Donkey
作り方→ p.116

たてがみの刺しゅうは、色の順序や長さに決まりはありません。同じ向きで刺すので引っ張り過ぎず、できるだけ自然な流れに見えるように刺してください。鼻と口元の刺しゅうは編み込み部分とのつながりを意識して。

27
トナカイ

Reindeer
作り方→p.118

持ち手を長くしてショルダータイプにしても活躍してくれそう。背景色を替える場合は角の色を引き立てる色を選びましょう。耳の刺しゅうは自然な線に仕上がるように心がけて。

動物バッグの作り方

作り方はどの作品もほとんど同じ。
本体を編み、刺しゅうをして、持ち手と内袋を作り、
最後に全体を組み立てます。
まずはキツネのバッグ（p.6）の作り方で、
基本となる全体の流れを紹介します。
キツネ以外の動物バッグの作り方も流れは同じなので、
悩んだ時はここに戻って作り方を確認してください。

＊必要な材料と道具はp.42～43、バッグ作りはp.44～67、
　マフラーの作り方はp.44～57を参考にしてください。
＊サイズは目安です。編み方の強さや糸の太さで変わりますので、
　各作品のゲージを参考にしてください。
＊内袋はバッグの大きさに合わせて裁断してください。

1　キツネ　　Fox　　→ p.6

用意するもの
糸／A：パピー／ソフトドネガル（5221）グレー75g
　　 B：パピー／ブリティッシュエロイカ（125）白50g
　　 C：パピー／プリンセスアニー（551）黄色38g ＊2本どりで使用
　　 D：パピー／ブリティッシュエロイカ（186）オレンジ25g
　　 E：パピー／ブリティッシュエロイカ（143）ベージュ10g
　　 F：パピー／ブリティッシュエロイカ（205）杢黒10g
　　 G：パピー／ブリティッシュエロイカ（190）ピーコックブルー5g
針／2本棒針（9号）、かぎ針（7号）
その他／内袋用布33×84cm、カラーテープ2cm幅64cm

ゲージ
16目22段（10cm四方）

サイズ
横30cm×縦39cm 持ち手の長さ27cm

編み方
糸はCは2本どり、それ以外は1本どりで編む。
・指に糸をかける方法で50目作り目し（作り目＝1段目）、
　前後とも2段目から縦に糸を渡す方法で編み込みを始め
　る。
・完成した編み地にアイロンのスチームをあて、刺しゅう
　を刺す。
・前後の底部分をメリヤスはぎでつなげ、アイロンのスチ
　ームをあてる。
・両脇をすくいとじし、袋状にする。入れ口の縁編みは、
　Aの糸で拾い目をしながら6目編んだら2目一度を繰り
　返し、12目減らす。
・持ち手をAの糸で編み、カラーテープを縫い付け両脇を
　巻きかがる。
・持ち手を本体の指定位置にしつけ糸で留める。
・内袋用の布をミシンで袋状に縫い、バッグ本体にミシン
　で縫い付ける。すべてのしつけ糸を外す。

○刺しゅう図
本体の編み地に、指定の糸で
指定の場所に刺しゅうをします。
＊キツネバッグの刺しゅうは、
　目の輪郭のみ3本の撚りから
　1本を取り除いた、
　2本を使います（p.54参照）。

39

○本体（前）

バッグ前側の編み図。メリヤス編みで編み込み模様を編みます。

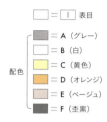

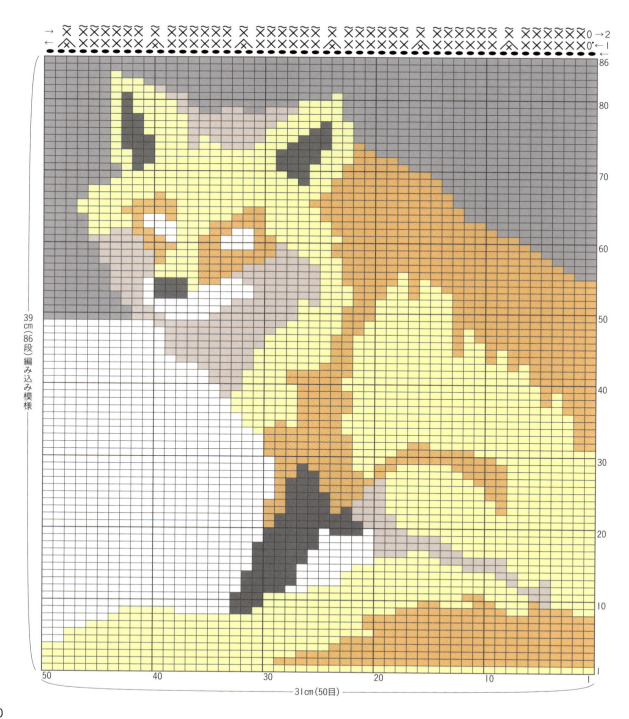

○ 本体（後）

バッグ後ろ側の編み図。編み込み模様がある場合は、メリヤス編みで模様を編みます。
編み図のない場合は、指定の糸と段数でメリヤス編みをします。

○ 内袋 （単位：cm）

数字は目安です。
編み上がりの本体の大きさに
合わせて裁断してください。

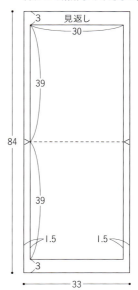

○ 持ち手 （単位：cm）

指定の糸で
トートバッグは4本、
ショルダーバッグは2本、
こま編みで編みます。

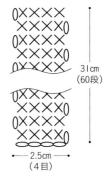

○ 持ち手位置

本体の編み地の中央から
左右均等の指定の場所に、
編み地と内袋の間に持ち手を
はさみ込んで付けてください。

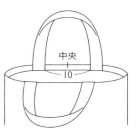

用意するもの

動物バッグを作るときに必要な道具と材料です。まずはこれらを準備しましょう。

材料

すべて手芸店で手に入ります。ミシンを使うときはミシン用の糸も準備してください。

布
内袋を作るときに使います。綿麻やコットンなど、ある程度強度のある布が適しています。鮮やかな色やストライプ柄など、特徴のある布を使うとデザインのアクセントに。

しつけ糸
持ち手や内袋を仮止めするときに使います。

糸
この本では主に並太〜極太の毛糸を使っています。同じ糸がない場合は似たような色や太さの糸で代用してもよいです。

手芸用カラーテープ
＊薄手の綾テープでも可
持ち手の中に縫い込んで使います。何色を使ってもよいですが、編み目のすき間から見えても目立たない暗めの色がおすすめ。持ち手の幅より狭いものを使います。

道具

特別なものでなく、自分が使いやすい道具を準備してください。

定規（あればメジャーも）
バッグや内袋の寸法を測ったり、持ち手の位置を決めるとき、また内袋の寸法を布に写すときにも使います。長い布やテープを測るときはメジャーがあると便利。

はさみ
糸や布を切るときに使います。糸や細かい作業を行うときは糸切りばさみ、内布を切るときは裁ちばさみがあると便利です。

編み物用まち針
アイロンをかけるときに編み地をアイロン台に留めたり、手芸用カラーテープと編み地を留めるときに使います。

とじ針
糸の始末、本体の前後をはぐ、刺しゅうをするときに使います。針の長さや針穴の大きさはいろいろありますので、使いやすいものを選んでください。

ぬい針
内袋と持ち手をしつけるときに使います。

かぎ針
先端がフックのような形になっている針。バッグの入れ口部分に縁編みをしたり、持ち手を編むときに使います。

棒針（2本棒針）
バッグの本体を編むときに使います。一方に玉が付いている針は、編んでいる最中に目が落ちないので安心です。

チャコペン
内袋の寸法を布に写すときに使います。水で消えるタイプがおすすめ。

ミシン
持ち手を縫う、内袋を縫う、内袋をバッグに縫い付けるときに使用。家庭用のミシンがあれば大丈夫です。

スチームアイロン
編み地を落ち着かせるとき、内袋の形を整えるときなど要所で活用します。

あて布
編み地にアイロンのスチームをあてるときに使用します。

〈あると便利〉

段数リング
編み目にかけておくと段数を数えるときに便利です。

糸抜き
しつけ糸が外しにくいときにあると便利です。

1 メリヤス編みで本体を編む

メリヤス編みは、表側から見たときにすべて表目になる編み方です。この本の編み地は
すべて平編み（往復編み）なので、1段ずつ裏目と表目を交互に編むことででき上がります。

○編み始め／作り目

作り目にはいろいろな作り方があります。
ここで紹介しているのは著者の方法ですが、別の方法で作ってもよいです。
＊キツネの編み始めは2本どりですが、見やすいように1本どりにしています。

1

糸端から編み地幅の約3倍の長さのところを、左手の親指と人差し指にかけます。

2

指に渡っている糸に棒針をかけ、矢印のようにくぐらせます。

くぐらせたところ。

3

最初に棒針にかけた糸をくぐらせた糸にかぶせます。これが端の1目になります。

4

親指と人差し指にかかった糸を矢印のようにすくいます。

親指にかかっている手前の糸を下からすくい、

人差し指の手前の糸を上からすくい、

そのまま親指にかかっている糸の間に通します。

5

親指の糸を外し、2目めができ上がりました。

6

5目まで作り、6目めからは棒針を2本合わせて作り目をします。こうすると棒針1本で作った端の作り目がしまります。

7

必要な目数を作り、6で合わせた棒針を1本抜いたらでき上がり。これが1段目になります。

○裏目／偶数の段 （編み図記号 ―）

メリヤス編みの裏側になる偶数の段は、以下のように裏目で編みます。

1

2段目。棒針を左手に持ち替えます。

2

棒針を、端の1目めの向こう側から入れます。

3

糸をかけて矢印のように引き出します。

4

その目を左の棒針から外します。裏目が1目編めました。

5

2目めも棒針を向こう側から入れ、同様の手順で編みます。

キツネバッグは
ここで糸を替えるよ！
p.47上へ

6

2段目（裏側）の途中まで編んだところ。

45

○表目／奇数の段 （編み図記号 □）

メリヤス編みの表側になる奇数の段は、以下のように表目で編みます。

1

3段目。棒針を持ち替えて、針を端の1目めに手前から入れます。

2

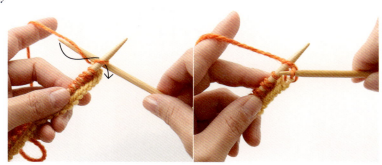

糸をかけて矢印のように引き出します。

3

その目を左の棒針から外します。表目が1目編めました。

4

2目めも棒針を手前から入れ、同様の手順で編みます。

5

キツネバッグはここで糸を替えるよ！
p.47下へ

3段目（表側）の途中まで編んだところ。

> 裏目と表目を1段ずつ繰り返して編むとメリヤス編みが編み上がります。

○糸の替え方
途中で糸が足りなくなったり、編んでいる糸から別の色の糸に替える方法です。

●裏目（偶数の段）で替える

1

新しい糸の糸端は15〜20cm裏側（偶数の段では手前側）に残しておきます。

2

新しい糸をかけ、矢印のように引き出します。

3

その目を左の棒針から外します。新しい糸で裏目が1目編めました。

4

続けて新しい糸で2〜3を繰り返し編み進めます。

5

糸を替えた段が編み上がりました。糸端は裏側に出ています。

キツネバッグは
この後、表目を編むよ！
p.46へ

●表目（奇数の段）で替える

1

裏目と同様に、新しい糸の糸端は15〜20cm裏側（奇数の段では向こう側）に残しておきます。

2

表目を編む方法で糸をかけて引き出し、その目を左の棒針から外します。

3
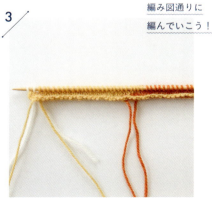
続けて新しい糸で編み進めます。糸を替えた段が編み上がりました。

編み図通りに
編んでいこう！

47

○糸の渡し方①／縦に渡す

糸を替える際に縦（上方向）に糸を渡しながら編む方法。一つの模様や縦に連続している模様を編むときに適しています。
色を替えるときに新しい糸が必要になるので、毛糸玉を作っておくと便利です（p.68参照）。

●表目（奇数の段）で渡す

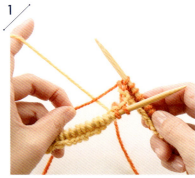

1 編んでいた糸（オレンジ）と、これから編む糸（黄色）を向こう側で交差させます。

2 交差させたところ。

3 編んでいた糸をそのまま向こう側にして右手に持ち、これから編む糸で表目を編みます。

4 糸を替えるときは1〜3を参考に、糸を同じ方向に交差させて編んでいきます。渡した糸は表側からは見えません。

●裏目（偶数の段）で渡す

1 編んでいた糸（黄色）と、これから編む糸（オレンジ）を手前で交差させます。

2 編んでいた糸をそのまま手前にして右手で持ち、これから編む糸で裏目を編みます。

3 裏目を編んでいるところ。

4 糸を替えるときは1〜3を参考に、糸を同じ方向に交差させて編んでいきます。

○糸の渡し方②／横に渡す

糸を替える際に、横方向に糸を渡しながら編む方法。一般的な編み込みの仕方として知られています。
小さな模様や、連続する模様を編むときに適しています。

●表目（奇数の段）で渡す

1

これから編む糸（黄色）が下、編んでいた糸（オレンジ）が上になるように交差させ、表目を編みます。上下が逆でもよいです。

2

手に持っているところ。

3

糸を替えるときは、糸の上下を守って繰り返します。逆の場合も同様にします。渡した糸は表側からは見えません。

●裏目（偶数の段）で渡す

1

これから編む糸（黄色）が下、編んでいた糸（オレンジ）が上になるように交差させ、裏目を編みます。上下が逆でもよいです。

2

糸を替えるときは、糸の上下を守って繰り返します。逆の場合も同様にします。

○編み終わり／伏せ止め（編み図記号 ●）

編み上がった目がほどけないよう目を止める方法で、編み終えた糸をそのまま使って止めていきます。この本の作品はすべて裏目（偶数の段）で編み終わるので、表目で伏せ止めを行います。

1

本体が編み上がりました。最後は必ず偶数の段で終わるため、伏せ止めは表目で行います。

2

端から2目を表目で編みます。

3

左の棒針を1目めに入れ、矢印のように2目めにかぶせて棒針から外します。

4

かぶせているところ。

伏せ止めができました。

5

2〜4を繰り返し、すべての目を伏せ止めします。

6

糸端を15cmほど残して切ります。最後の輪の中に糸端をくぐらせて棒針を抜き、糸を引き締めます。

7

でき上がり。

編み上がったよ！

○糸を始末する

編み始め、糸を替えたとき、編み終わりで残っているたくさんの糸端を始末します。
ここで紹介する方法は著者ならではのやり方です。たくさんの糸が出ていますが、
すべて始末し終えるとすっきりして編み目も整います。

1

本体が編み上がりました。裏から見ると糸端がこれだけ出ています。

2

横に渡っている糸の糸端をとじ針に通します。

3

糸を替えた時にできる穴がふさがる方向に、糸を割りながら針を入れます。

4

そのまま引き出し、残りの糸を切ります。始末した糸が、表側に見えないように注意します。

5

縦に渡っている糸の糸端をとじ針に通します。

6

糸が出ているすぐ横の糸を割りながら針を入れ、そのまま引き抜きます。

7

すぐ横の縦に渡っている糸に針をくぐらせ、そのまま引き抜きます。

51

8 続けて、その少し上の糸を割りながら針を入れ、そのまま引き抜きます。

9 7と同様にすぐ横の縦に渡っている糸に針をくぐらせ、そのまま引き抜きます。

10 8〜9を繰り返し、縦に渡っている糸、すべてに針をくぐらせます。

11 最後は少し上の糸を割りながら針を入れ、そのまま引き抜きます。

きれいになったよ！

12 6〜10の糸を割りながら針をもどし入れ、そのまま引き抜きます。残りの糸を切ります。始末した糸が表側に見えないように注意します。

○アイロンをかける

編み上がった編み地は、端が丸まっていて目が落ち着いていません。
アイロンをかけると編み地が整うので、次の作業がしやすくなります。

1

編み地、編み物用のまち針、アイロン、アイロン台、あて布を準備します。

2

編み地を裏にした状態で、まち針で右上の角を留めます。

3

仕上がり寸法になるよう定規で測りながら形を整え、まち針で留めていきます。

4

あて布をのせ、2〜3cm浮かせたところからスチームをあてます。糸が縮んでしまう場合があるので、アイロンは直接あてません。

5

編み地が反り返ってしまう端は、あて布をした状態でアイロンを軽くあて形を整えてください。

6

しばらくそのままにして冷まし、熱さが和らいだらまち針を外します。

7

シャキッとしたよ!

同様に後ろの編み地にもアイロンをかけます。

2 刺しゅうをする

編んだ後、編み地に模様を描いたり、ワンポイントを施せる刺しゅう。刺しゅうをすることで、動物たちが立体的で豊かな表情になります。

○ 刺しゅう図

○ 準 備

キツネの目は輪郭をとりやすくするために他より細い糸を使います。使う糸の撚りをほぐして1本取り除き、残った2本を使います。

下が1本取り除いた糸。上の2本の糸を使います。

○ 刺しゅうをする

1

刺しゅうをする箇所の裏側に、糸を割って針を通します。

2

糸を割ったところへさらに針を通し、刺しゅうをする糸も割って針を通します。

3

刺し始めの糸が固定されました。ここからスタートします。

4

編み地を表に返します。目の輪郭に針を出し、そのまま引きます。

5

引き出した箇所の少し上を、向こう側から手前側に針を向けてすくい、糸を引きます。

54

6

5と同様の方法で、目の輪郭に沿って編み地をすくい糸を引きます。

7

目尻まできたら、糸が進む角度を変えます。まず針を裏側に通します。

8

目の輪郭から針を出してそのまま引き、目尻に針を入れて裏側へ抜きます。

9

8を繰り返し、目の輪郭を刺しゅうします。

10

糸を始末します。裏側の編み地の糸と刺しゅうした糸を割って針を通し、余分な糸を切ります。

11

同様の方法で目の中を刺しゅうします。

12

りりしくなったよ！

両目の刺しゅうができました。さらに刺しゅう図の指定の場所（耳と口）に刺しゅうをします。

55

3 組み立てる

バッグ本体の前側と後ろ側の編み地を、底をはいで両脇をとじて組み立てます。
この工程でバッグらしい形になります。
＊写真は見やすいように糸の色を替えています。

○ 前後の底をはぐ

1/

本体の前と後ろの編み地を、底をつき合わせて置きます。

2/

糸を通したとじ針を前側の編み地の端に通します。編み地の糸とはぐ糸を割って針を通し、刺し始めを固定させ、写真右のように1目めに針を通します。はぐ糸は編み地の1段目で一番薄い色を選べば糸が目立ちません。

3/

後ろの編み地の1目めに針を通して糸を引きます。

4/

2の隣の目に針を通して糸を引きます。

5/

3の隣の目に針を通して糸を引きます。

6/

4〜5を繰り返して最後まではぎ合わせ、糸を始末します。

7/

底のふくらみが気になる場合は、あて布をしてアイロンのスチームをあてます。

8/
底ができたよ！

編み目が落ち着きました。底がはぎ合わせられました。

○両脇をとじる

1

p.56の**2**と同様の方法で、とじ糸の刺し始めを固定します。後ろの編み地の作り目の、端から1目内側の横に渡っている糸をすくいます。

2

続けて、前側の編み地の端から1目内側の、横に渡っている糸をすくいます。とじ糸は、編み地で多く使われている色を選べば糸が目立ちません。

3

1～2を繰り返します。とじ糸は編み地に埋もれて見えなくなるまで引きます。

4

入れ口までとじたら糸を始末します。

5

袋になったよ!

反対側も同様にとじます。
袋状になりました。

57

4 縁を編む

入れ口を補強し、広がるのを防ぐために縁を編みます（縁編み）。
ここからは指定のかぎ針を使い、目を拾いながら編んでください。
＊写真は見やすいように糸の色を1段ごとに替えています。

○こま編みで編む（編み図記号×）

1

一番上の目に針を入れ、こま編みする糸をかけて引き出します。

2

もう一度糸をかけ、そのまま引き出します。これが立ち上がりの鎖1目になります。

3

立ち上がりの鎖1目と同じ場所に針を入れ糸を引き出し、さらに糸をかけて一気に引き抜きます。こま編みが1目編めました。

4

続けて1の隣の目に針を入れて3と同様に糸を引き出し、さらに糸をかけて一気に引き抜きます。こま編みが2目編めました。

5

4を繰り返しこま編みを6目編みます。

6

p.40の編み図のように、ここで目を1目減らします（減らし目）。まず隣の目に針を入れて糸をかけ、そのまま引き出します。

58

7

さらにその隣の目にも針を入れて糸をかけ、そのまま引き出します。

8

針に糸をかけ、一気に引き抜きます。

これで1目減りました。

9

編み図の通りに減らし目をしながら、1周編みます。

10

最初のこま編みの頭2本に針を通し、糸をかけてそのまま引き抜きます。

11

1段目が編めました。糸は始末せず、そのままp.60のバックこま編みを編みます。

○バックこま編みで編む（編み図記号 ⨯）

1

青い糸がp.59の最後の目でオレンジの糸から始まります。まず針に糸をかけて引き出し、立ち上がりの鎖1目を編みます。

2

1の右隣のこま編みの目に針を入れ、糸をかけて引き出します。

3

さらに針に糸をかけて引き抜きます。これでバックこま編みが1目編めました。

4

続けて3の右隣のこま編みの目に針を入れて糸を引き出し、さらに針に糸をかけて引き抜きます。バックこま編みが2目編めました。

5

4を繰り返して1周編みます。

6

3の編み目に針を通し、糸を引き出します。

7

針に糸をかけ、そのまま引き出します。

8

糸を切り、そのまま引き抜きます。

9

糸の始末をします。とじ針に糸端を通し、裏側のバックこま編みをすくうように針を通し、糸を引き出します。針はバックこま編みの進行方向に入れます。

10

最後はこま編みの目を割りながら下に向かって針を入れ、糸を引き出します。余分な糸を切ります。

縁編みができたよ!

61

5 持ち手を作る

バッグに付ける持ち手は、かぎ針の平編み（往復編み）で編み地を編み、強度を出すために中にカラーテープをはさみます。
＊写真は見やすいように糸の色を替えています。

○持ち手をこま編みで編む（編み図記号×）

1

平編みで編み地を作ります。まず鎖編みの作り目を作ります。写真のように針に糸をかけて引き出します。

2

続けて鎖を3目編みます。

3

さらに、立ち上がりの鎖1目を編みます。

4

立ち上がりの鎖1目の隣の目に針を入れ、糸をかけて引き出します。

5 / もう一度針に糸をかけ、一気に引き抜きます。こま編みが1目編めました。

6 / 4～5を繰り返して3目編みます。1段目が編めました。

7 / 編み地を返して裏にします。

8 / 立ち上がりの鎖1目を編みます。

9 / 立ち上がりの鎖1目の隣の目に針を入れ、糸をかけて引き出します。

10 / もう一度針に糸をかけ、一気に引き抜きます。こま編みが1目編めました。

11 / そのまま3目編みます。2段目が編めました。

12 / キツネバッグは4本！
3～11を繰り返して指定の段数を編み、指定の本数を用意します。

○手芸用カラーテープをはさみ込む

1

手芸用カラーテープ（以下カラーテープ）を編み地の左右より5mm出してカットします。まち針で中央、左右の端の順で留めます。

2

さらにまち針で細かく留めていきます。

3

まち針を外しながら、カラーテープの縁を、上下は2～3mm、左右は7～8mm内側をミシンで1周縫います。

4

カラーテープを縫っていない編み地の裏にとじ針を通し、糸の刺し始めを固定します。巻きかがる糸は、持ち手と同じ糸を使用します。カラーテープを縫った編み地のテープの面を内側に合わせ、端の1目めをすくい糸を引き出します。

5

続けて2目めをすくい、糸を引き出します。

6

そのまま続けて、最後まで巻きかがります。反対側の脇も同様にします。

7
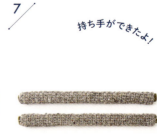

持ち手ができたよ!

同じものをもう1本作ります。

○持ち手を仮止めする

1

バッグの入れ口のサイズを測ります。

このときに、バッグの寸法も測っておきます。袋の中に定規を入れて両脇と中央の3カ所測り、一番大きな寸法に合わせて内袋を作ります。

2

持ち手位置の図を参考に、入れ口の寸法の中央にまち針を刺し、指定の幅になるようまち針を刺し目印にします。

3

持ち手の両端を入れ口から2cm中に入れてまち針で留めます。

4

しつけ糸でしっかりと留めます。

5

反対側にも同様に留めます。

持ち手を仮止めしたよ!

内袋を付ける

好みの布で内袋を作り、バッグの中に入れて持ち手と一緒にミシンで縫い付けます。バッグに強度が出て、より使いやすく仕上がります。

○内袋を作る

1/
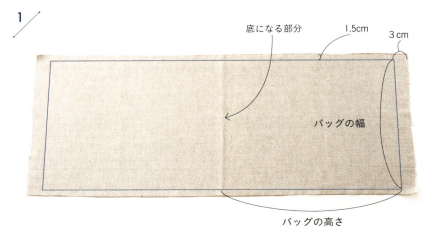

p.65で測ったバッグの寸法をもとに、内袋を作ります。チャコペンでバッグの寸法を布に写し（写真の青線）、両脇が1.5cm、入れ口が3cm大きくなるよう布を切ります。

2/

中表で底になる部分を折り返し、両脇（破線）をミシンで縫います。

3/

底の両端を三角にカットします。

4/

縫い代をアイロンで外側に折ります。

5/

反対側の縫い代もアイロンで外側に折ります。

6/

入れ口の見返しを外側に折り返し、アイロンをあてます。

7/ もうひといき！

内袋ができ上がりました。

○内袋を付ける

1/

バッグの中に内袋を入れ、両脇を合わせてまち針で留めます。

2/

持ち手と内袋もまち針で留めます。

3/

続けてぐるりと1周、ずれないようにまち針で留めます。

4/

まち針の針先に注意しながら、しつけ糸で留めて、まち針を外します。

5/

内袋の縁から5mm内側をミシンで縫い合わせます。内袋、本体、持ち手はこのとき一緒に縫います。持ち手の部分は厚くなっているのでゆっくりとミシンをかけます。

6/

すべてのしつけ糸を外します。外しにくいときは糸抜きを使うと便利です。

7/ でき上がり!

キツネバッグが完成しました。

毛糸玉の作り方

１玉の毛糸を複数の編み込み模様に使用する際は、毛糸玉を作り、小分けにして使いましょう。

1/
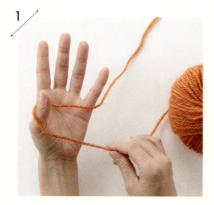
写真のように糸を親指にかけます。

2/

8の字を描くように小指にかけます。

3/

1〜2を繰り返します。

4/

20回ほど巻いたら糸を切ります。

5/

切った糸で糸のかたまりの中心を3回ほど巻きます。

6/

糸端を巻いた糸にくぐらせて留めます。

7/

糸のかたまりを指から取り外します。

8/

毛糸玉ができました。伸びている糸を引くと、玉の中から巻いた糸が出てきます。

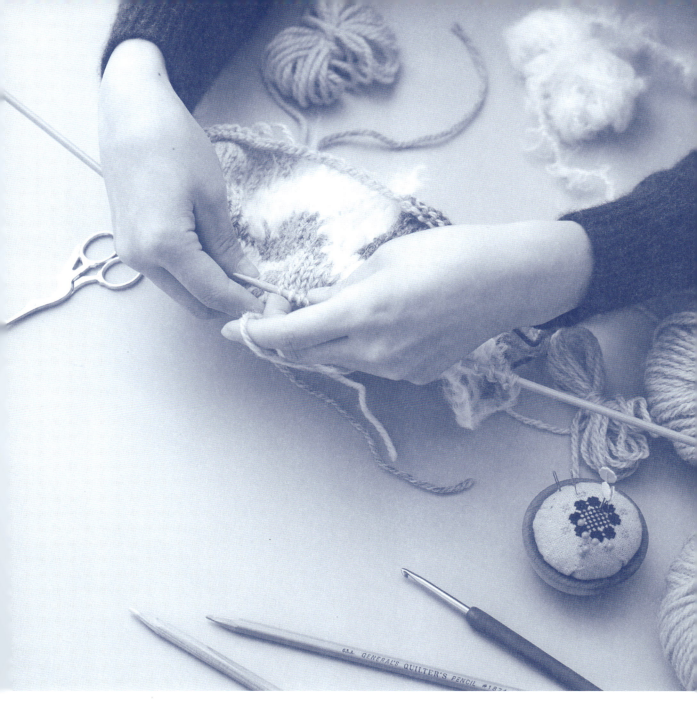

編み図と刺しゅう図

糸の太さ、刺しゅうの仕方、バッグの大きさ、持ち手の長さはそれぞれの作品で異なりますが、
どの作品も、p.39〜67のキツネバッグの作り方とほとんど同じです。
自分にも作れるか心配な方は、小さな作品から作り始めて、
慣れてきたら大きな作品に挑戦してもよいかもしれません。
ぜひ自分だけの動物バッグを仕上げてみてください。

02 ウサギ　Rabbit　→ p.7

用意するもの
糸／**A**：DARUMA／原毛に近いメリノウール（15）
　　　ライムグリーン75g
　　B：DARUMA／原毛に近いメリノウール（16）
　　　サンドベージュ5g
　　C：DARUMA／原毛に近いメリノウール（8）
　　　ライトグレー5g
　　D：リッチモア／スペクトルモデム（46）黒10g
　　E：リッチモア／スペクトルモデム（56）濃グレー5g
　　F：DARUMA／メリノスタイル並太（23）サンゴ5g
　　G：リッチモア／スペクトルモデム（32）赤5g
針／2本棒針（8号）、かぎ針（6号）
その他／内袋用布27×66cm、カラーテープ1.5cm幅109cm

ゲージ
17目24段（10cm四方）

サイズ
横24cm×縦30cm×ショルダー紐104cm

編み方
糸は1本どりで編む。
・指に糸をかける方法で43目作り目し（作り目=1段目）、前側は2段目から縦に糸を渡す方法で編み込みを始める。後ろ側はAの糸でメリヤス編みを72段編む。
・完成した編み地にアイロンのスチームをあて、刺しゅうをする。
・前後の底部分をメリヤスはぎでつなげ、アイロンのスチームをあてる。
・両脇をすくいとじし、袋状にする。入れ口はAの糸で縁編みをする。
・ショルダー紐をAの糸で編み、カラーテープを縫い付け、両脇を巻きかがる。
・ショルダー紐を本体の両脇にしつけ糸で留める。
・内袋用布をミシンで袋状に縫い、バッグ本体にミシンで縫い付ける。すべてのしつけ糸を外す。

○刺しゅう図

○内袋

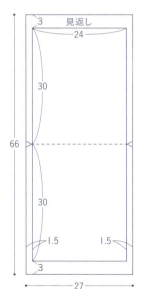

○ショルダー紐
こま編みで2本編む。

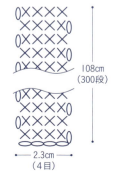

○ 本体（前）

03 ハシビロコウ Shoebill → p.8

用意するもの
糸／A：パピー／ブリティッシュエロイカ（205）杢黒180g
　　B：パピー／ユリカモヘヤ（302）ベージュ2g
　　C：パピー／ブリティッシュエロイカ（200）
　　　　ピンクベージュ13g
　　D：パピー／ユリカモヘヤ（311）ローズグレー7g
　　E：パピー／ブリティッシュエロイカ（178）
　　　　ブルーグレー13g
　　F：パピー／ブリティッシュエロイカ（120）グレー10g
　　G：パピー／ブリティッシュエロイカ（161）焦げ茶2g
　　H：パピー／ペリジ（1311）ふわグレー5g
　　I：パピー／ブリティッシュエロイカ（203）山吹色5g
　　J：パピー／ブリティッシュエロイカ（180）ピンク5g
　　K：パピー／ブリティッシュエロイカ（184）
　　　　ピーコックグリーン2g
針／2本棒針（9号）、かぎ針（7号）
その他／内袋用布33×76cm、カラーテープ2cm幅132cm

ゲージ
16目23段（10cm四方）

サイズ
横30cm×縦35cm×持ち手61cm

編み方
糸は1本どりで編む。
・指に糸をかける方法で49目作り目し（作り目＝1段目）、前後とも2段目から縦に糸を渡す方法で編み込みを始める。
・完成した編み地にアイロンのスチームをあて、刺しゅうをする。
・前後の底部分をメリヤスはぎでつなげ、アイロンのスチームをあてる。
・両脇をすくいとじし、袋状にする。入れ口はAの糸で拾い目をしながら7目編んだら2目一度を繰り返し、10目減らす。
・持ち手をAの糸で編み、カラーテープを縫い付け両脇を巻きかがる。
・持ち手を本体の指定位置にしつけ糸で留める。
・内袋用布をミシンで袋状に縫い、バッグ本体にミシンで縫い付ける。すべてのしつけ糸を外す。

○ 本体（後）

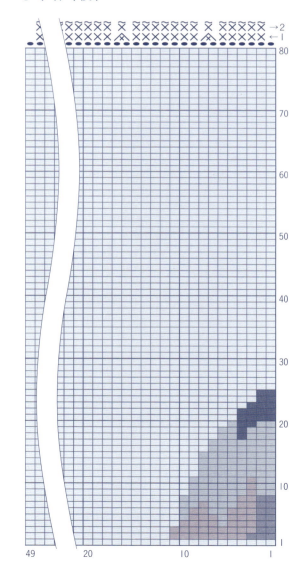

○ 内袋

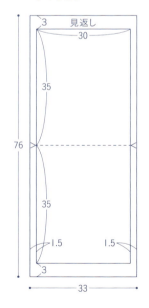

○ 持ち手
こま編みで4本編む。

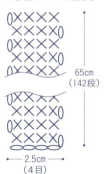

65cm（142段）
2.5cm（4目）

○ 持ち手位置
編み地と内袋の間に持ち手をはさみ込む。

○ 刺しゅう図

前後で分けて刺す。
Hは1本どり。
それ以外は糸の撚りをほぐして
1本取り除き、
残った2本を使う（p.54参照）。

目の刺し方
Gで目の輪郭を丸く刺し、
Aで瞳孔（目の中心）を刺す。
最後にCで小さく光を入れる。

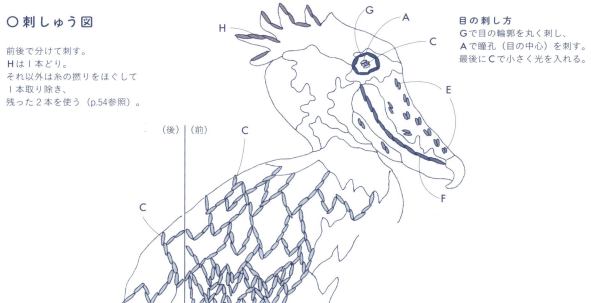

○ 本体（前）

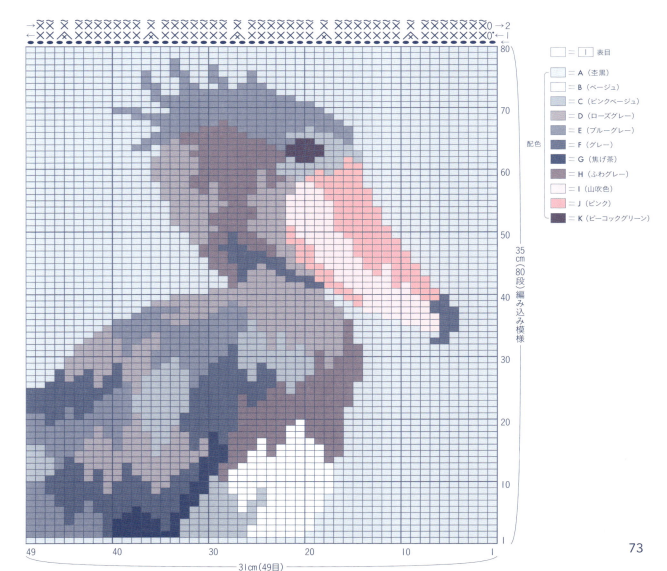

配色

- □ = I 表目
- = A（杢黒）
- = B（ベージュ）
- = C（ピンクベージュ）
- = D（ローズグレー）
- = E（ブルーグレー）
- = F（グレー）
- = G（焦げ茶）
- = H（ふわグレー）
- = I（山吹色）
- = J（ピンク）
- = K（ピーコックグリーン）

04 子ペンギン　Baby penguin　→ p.9

用意するもの
糸／A：DARUMA／手つむぎ風タム糸（17）トマト75g
　　B：DARUMA／手つむぎ風タム糸（10）ライトグレー5g
　　C：DARUMA／スパニッシュメリノ（1）きなり6g
　　D：DARUMA／スパニッシュメリノ（5）ライトグレー6g
　　E：DARUMA／スパニッシュメリノ（7）ブラック6g
　　F：パピー／ペリジ（1311）ふわグレー5g
針／2本棒針（12号）、かぎ針（9号）
その他／内袋用布22×58cm、カラーテープ2cm幅116cm

ゲージ
13.5目18段（10cm四方）

サイズ
横19cm×縦26cm×ショルダー紐111cm

編み方
糸は1本どりで編む。

・指に糸をかける方法で27目作り目し（作り目＝1段目）、前側は5段目から縦に糸を渡す方法で編み込みを始める。後ろ側はAの糸でメリヤス編みを48段編む。
・完成した編み地にアイロンのスチームをあて、刺しゅうをする。
・前後の底部分をメリヤスはぎでつなげる。
・両脇をすくいとじし、袋状にする。入れ口はAの糸で縁編みをする。
・ショルダー紐をAの糸で編み、カラーテープを縫い付け両脇を巻きかがる。
・ショルダー紐を本体の両脇にしつけ糸で留める。
・内袋用布をミシンで袋状に縫い、バッグ本体にミシンで縫い付ける。すべてのしつけ糸を外す。

○刺しゅう図

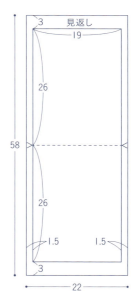

○内袋

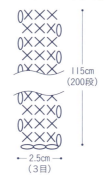

○ショルダー紐
こま編みで2本編む。

2.5cm
（3目）

○ 本体 (前)

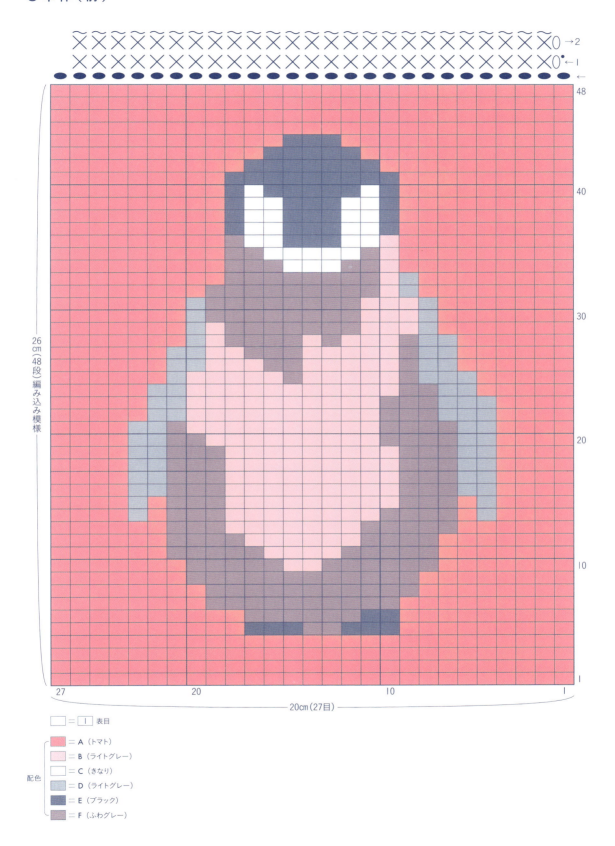

配色
- □ = A (トマト)
- □ = B (ライトグレー)
- □ = C (きなり)
- □ = D (ライトグレー)
- □ = E (ブラック)
- □ = F (ふわグレー)

75

05 ワオキツネザル | Ring-tailed lemur | → p.10

用意するもの
糸／A：パピー／ブリティッシュファイン（85）ネオンピンク45g
　　　　パピー／ブリティッシュファイン（21）ベージュ45g
　　B：パピー／ユリカモヘヤ（301）アイボリー6g
　　C：パピー／ブリティッシュファイン（1）オフホワイト3g
　　D：パピー／ブリティッシュファイン（40）
　　　　サンドベージュ6g
　　E：パピー／ユリカモヘヤ（311）ローズグレー3g
　　F：パピー／ブリティッシュファイン（24）灰茶3g
　　G：パピー／ブリティッシュファイン（22）焦げ茶1g
　　H：パピー／ブリティッシュファイン（8）黒1g
　　I：パピー／エクラタン（705）ふわベージュ10g
　　J：パピー／エクラタン（706）ふわブラック12g
　　K：パピー／ブリティッシュファイン（65）マスタード1g
針／2本棒針（8号）、かぎ針（6号）
その他／内袋用布28×70cm、カラーテープ1.5cm幅64cm

ゲージ
18目26段（10cm四方）

サイズ
横25cm×縦32cm×持ち手27cm

編み方
糸は、Aは異なる2色の糸を1本ずつ引き揃えて2本どり、C、D、F、G、Hは同色を2本どり、それ以外は1本どりで編む。

・指に糸をかける方法で47目作り目し（作り目＝1段目）、前側は5段目、後ろ側は63段目から縦に糸を渡す方法で編み込みを始める。
・完成した編み地にアイロンのスチームをあて、刺しゅうをする。
・前後の底部分をメリヤスはぎでつなげ、アイロンのスチームをあてる。
・両脇をすくいとじし、袋状にする。入れ口はAの糸で縁編みをする。
・持ち手をAの糸で編み、カラーテープを縫い付け両脇を巻きかがる。
・持ち手を本体の指定位置にしつけ糸で留める。
・内袋用布をミシンで袋状に縫い、バッグ本体にミシンで縫い付ける。すべてのしつけ糸を外す。

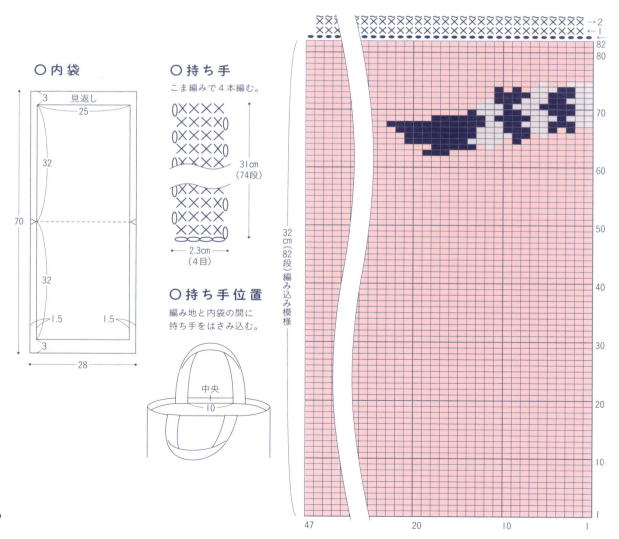

76

○刺しゅう図

刺しゅうはすべて1本どり。

目の刺し方
Hで瞳孔(目の中心)を
丸く刺した後に
Kでその輪郭を
広げるように刺す。

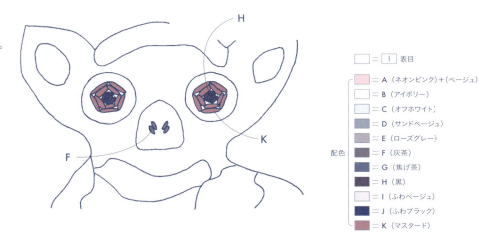

□ = I 表目	
□ = A (ネオンピンク)+(ベージュ)	
□ = B (アイボリー)	
□ = C (オフホワイト)	
□ = D (サンドベージュ)	
□ = E (ローズグレー)	配色
□ = F (灰茶)	
□ = G (焦げ茶)	
□ = H (黒)	
□ = I (ふわベージュ)	
□ = J (ふわブラック)	
□ = K (マスタード)	

○本体(前)

77

06 リス Squirrel → p.11

用意するもの
糸／A：パピー／ソフトドネガル（5221）グレー180g
　　B：パピー／ブリティッシュエロイカ（134）
　　　　オフホワイト11g
　　C：パピー／ブリティッシュエロイカ（201）赤茶16g
　　D：パピー／ブリティッシュエロイカ（208）焦げ茶9g
　　E：パピー／モナルカ（903）キャメル3g
　　F：パピー／ブリティッシュエロイカ（186）オレンジ4g
　　G：パピー／ブリティッシュエロイカ（143）ベージュ2g
　　H：パピー／ブリティッシュエロイカ（202）
　　　　オパールグリーン1g
　　I：パピー／ブリティッシュエロイカ（205）杢黒5g
針／2本棒針（9号）、かぎ針（7号）
その他／内袋用布41×82cm、カラーテープ2cm幅142cm

ゲージ
15.5目21.5段（10cm四方）

サイズ
横38cm×縦38cm×持ち手66cm

編み方
糸は1本どりで編む。

・指に糸をかける方法で60目作り目し（作り目＝1段目）、前側は7段目から縦に糸を渡す方法で編み込みを始める。後ろ側はAの糸でメリヤス編みを82段編む。
・完成した編み地にアイロンのスチームをあて、刺しゅうをする。
・前後の底部分をメリヤスはぎでつなげ、アイロンのスチームをあてる。
・両脇をすくいとじし、袋状にする。入れ口の縁編みはAの糸で拾い目をしながら5目編んだら2目一度を繰り返し、16目減らす。
・持ち手をAの糸で編み、カラーテープを縫い付け両脇を巻きかがる。
・持ち手を本体の指定位置にしつけ糸で留める。
・内袋用布をミシンで袋状に縫い、バッグ本体にミシンで縫い付ける。すべてのしつけ糸を外す。

○刺しゅう図

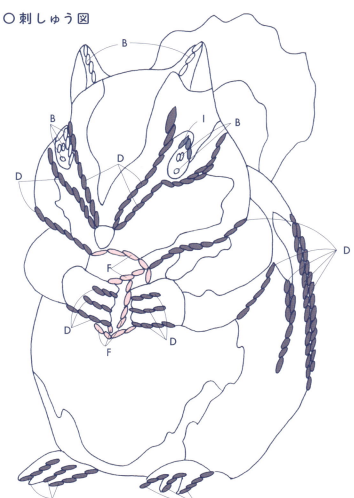

○内袋

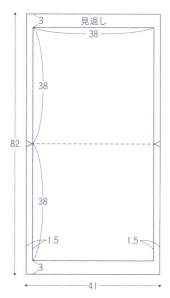

○持ち手
こま編みで4本編む。

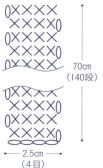

○持ち手位置
編み地と内袋の間に持ち手をはさみ込む。

○本体（前）

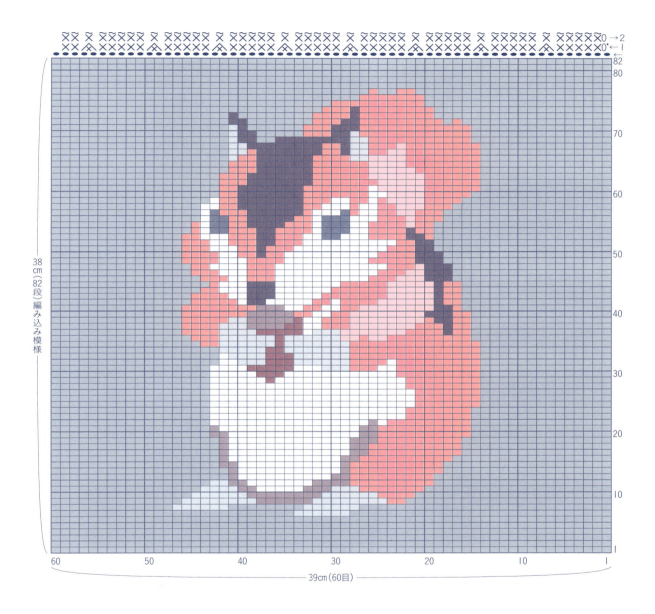

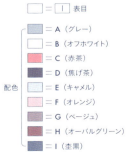

79

07 オカメインコ　Cockatiel　→ p.12

用意するもの

糸／A：パピー／クイーンアニー（935）緑85g
　　B：パピー／クイーンアニー（831）焦げ茶35g
　　C：パピー／クイーンアニー（991）ベージュグレー10g
　　D：パピー／クイーンアニー（853）深緑10g
　　E：パピー／クイーンアニー（934）黄色5g
　　F：パピー／クイーンアニー（988）アプリコット5g
　　G：パピー／クイーンアニー（869）オフホワイト5g
　　H：パピー／クイーンアニー（954）チャコールグレー5g
針／2本棒針（7号）、かぎ針（6号）
その他／内袋用布27×68cm、カラーテープ1.5cm幅62cm

ゲージ
17目24.5段（10cm四方）

サイズ
横24cm×縦31cm×持ち手26cm

編み方

糸は1本どりで編む。

・指に糸をかける方法で42目作り目（作り目＝1段目）、前側は3段目、後ろ側は37段目から縦に糸を渡す方法で編み込みを始める。
・完成した編み地にアイロンのスチームをあて、刺しゅうをする。
・前後の底部分をメリヤスはぎでつなげ、アイロンのスチームをあてる。
・両脇をすくいとじし、袋状にする。入れ口はAの糸で縁編みをする。
・持ち手をBの糸で編み、カラーテープを縫い付け両脇を巻きかがる。
・持ち手を本体の指定位置にしつけ糸で留める。
・内袋用布をミシンで袋状に縫い、バッグ本体にミシンで縫い付ける。すべてのしつけ糸を外す。

○本体（前）

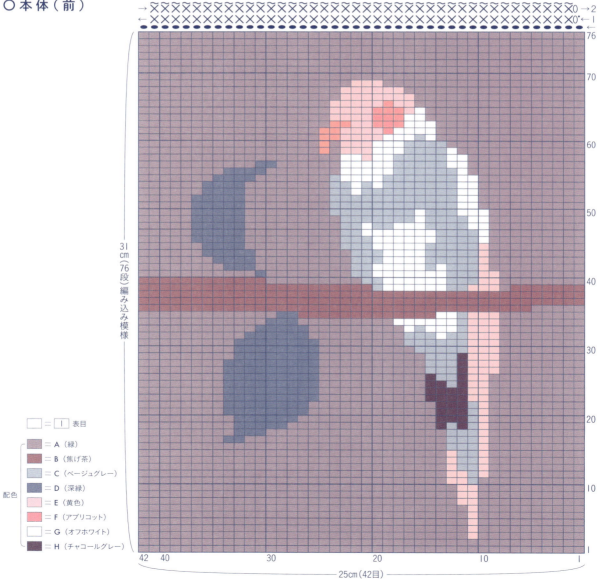

80

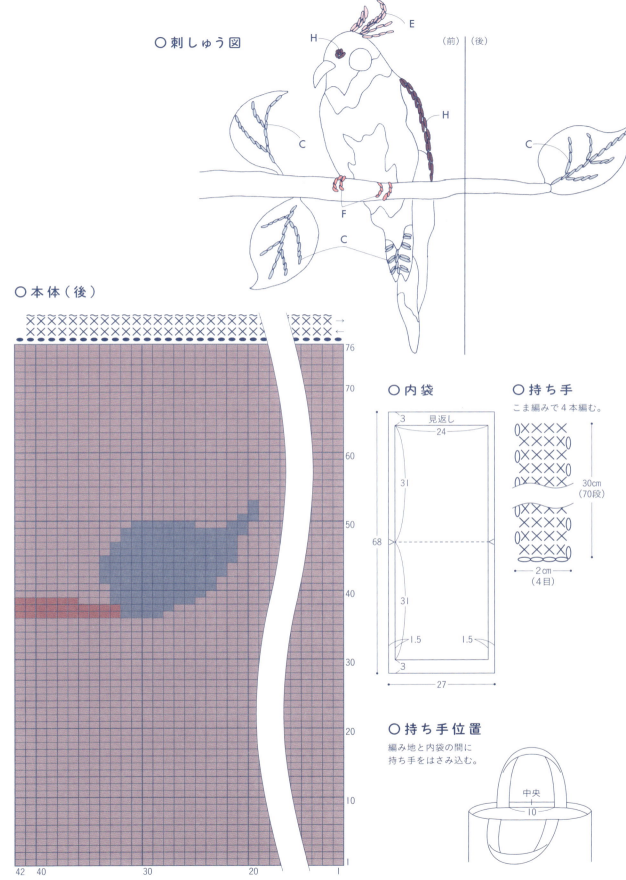

08 ハリネズミ　Hedgehog　→ p.13

用意するもの
糸／A：パピー／クイーンアニー（933）赤紫75g
　　　B：パピー／クイーンアニー（991）ベージュグレー20g
　　　C：パピー／クイーンアニー（833）グレー15g
　　　D：パピー／クイーンアニー（869）オフホワイト10g
　　　E：パピー／クイーンアニー（955）アイボリー10g
　　　F：パピー／クイーンアニー（803）黒5g
針／2本棒針（7号）、かぎ針（6号）
その他／内袋用布26×64cm、カラーテープ1.5cm幅62cm

ゲージ
16目25.5段（10cm四方）

サイズ
横23cm×縦29cm×持ち手26cm

編み方
糸は1本どりで編む。

・指に糸をかける方法で39目作り目し（作り目＝1段目）、前後とも7段目から縦に糸を渡す方法で編み込みを始める。
・完成した編み地にアイロンのスチームをあて、刺しゅうをする。
・前後の底部分をメリヤスはぎでつなげ、アイロンのスチームをあてる。
・両脇をすくいとじし、袋状にする。入れ口にAの糸で縁編みをする。
・持ち手をAの糸で編み、カラーテープを縫い付け両脇を巻きかがる。
・持ち手を本体の指定位置にしつけ糸で留める。
・内袋用布をミシンで袋状に縫い、バッグ本体にミシンで縫い付ける。すべてのしつけ糸を外す。

○本体（前）

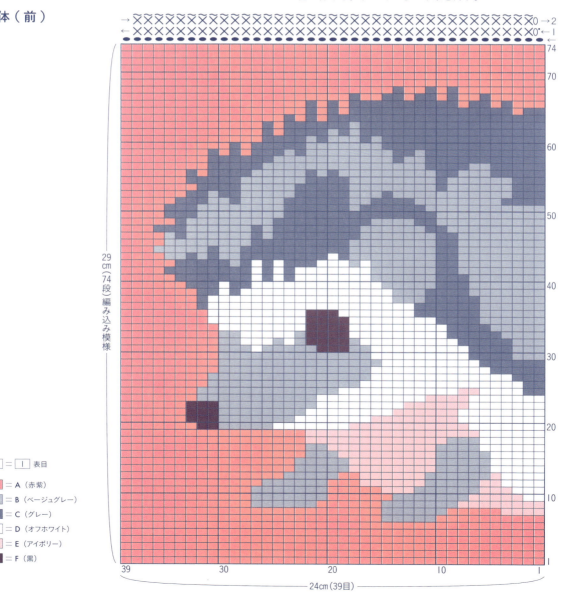

82

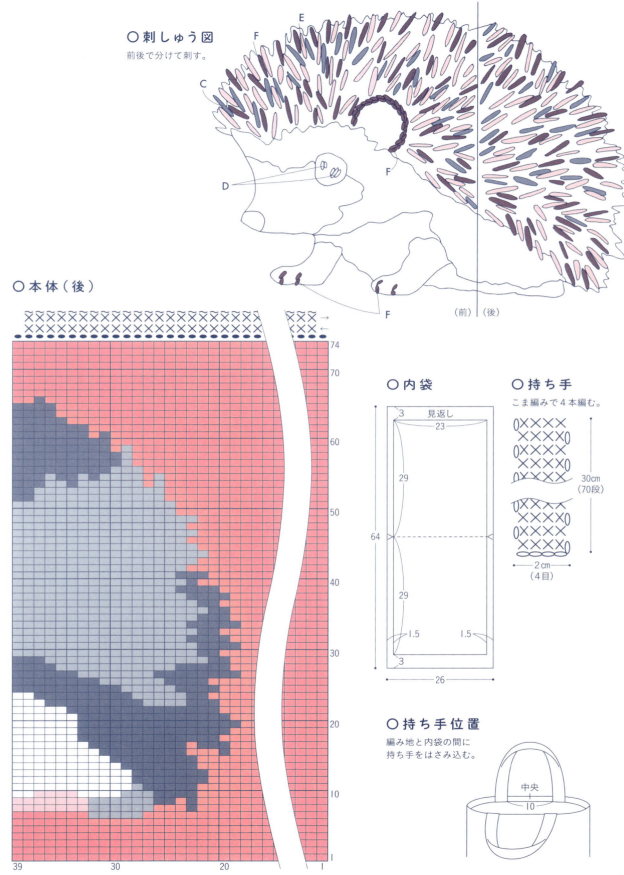

09 ネコ　Cat　→ p.16

用意するもの
糸／A：パピー／クイーンアニー（967）オレンジ105g
　　B：パピー／クイーンアニー（954）チャコールグレー20g
　　C：パピー／クイーンアニー（869）オフホワイト15g
　　D：パピー／クイーンアニー（976）ライトベージュ15g
　　E：パピー／クイーンアニー（991）ベージュグレー10g
　　F：パピー／クイーンアニー（833）グレー 5g
　　G：パピー／クイーンアニー（962）水色 5g
針／2本棒針（7号）、かぎ針（6号）
その他／内袋用布30×66cm、カラーテープ1.5cm幅86cm

ゲージ
17目25段（10cm四方）

サイズ
横27cm×縦30cm×持ち手38cm

編み方
糸は1本どりで編む。

・指に糸をかける方法で47目作り目し（作り目＝1段目）、前側は2段目から縦に糸を渡す方法で編み込みを始める。後ろ側はAの糸でメリヤス編みを74段編む。
・完成した編み地にアイロンのスチームをあて、刺しゅうをする。
・前後の底部分をメリヤスはぎでつなげ、アイロンのスチームをあてる。
・両脇をすくいとじし、袋状にする。入れ口はAの糸で縁編みをする。
・持ち手をAの糸で編み、カラーテープを縫い付け両脇を巻きかがる。
・持ち手を本体の指定位置にしつけ糸で留める。
・内袋用布をミシンで袋状に縫い、バッグ本体にミシンで縫い付ける。すべてのしつけ糸を外す。

○刺しゅう図

○内袋
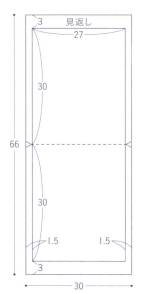

○持ち手
こま編みで4本編む。
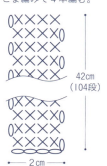
42cm（104段）
2cm（4目）

○持ち手位置
編み地と内袋の間に持ち手をはさみ込む。

○ 本体（前）

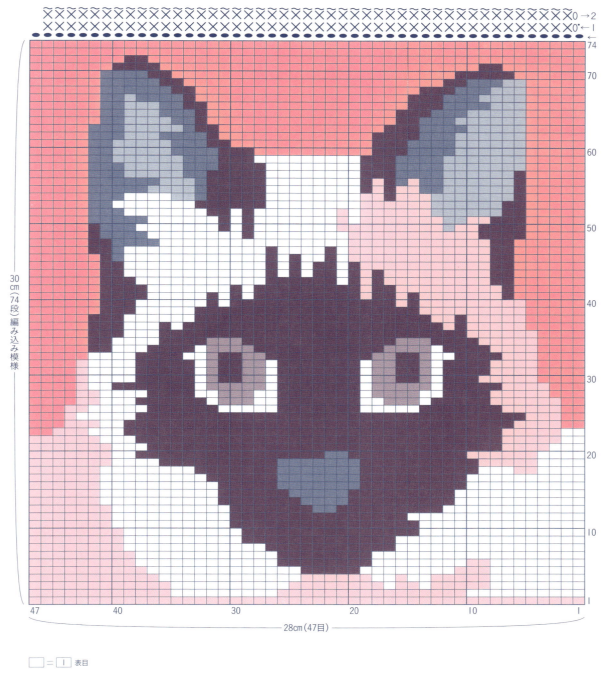

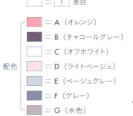

配色
□ = | 表目
■ = A（オレンジ）
■ = B（チャコールグレー）
□ = C（オフホワイト）
■ = D（ライトベージュ）
■ = E（ベージュグレー）
■ = F（グレー）
■ = G（水色）

10 三毛猫　Calico cat　→ p.17

用意するもの
糸／**A**：パピー／キッドモヘアファイン（24）黒90g
　　　　パピー／ブライトNo.2（201）黒×シルバー15g
　　B：リッチモア／スペクトルモデム（1）白15g
　　C：リッチモア／スペクトルモデム（12）キャメル10g
　　D：パピー／ブリティッシュファイン（16）濃オリーブ10g
　　E：リッチモア／スペクトルモデム（3）生成り5g
　　F：リッチモア／スペクトルモデム（2）ライトベージュ5g
　　G：リッチモア／スペクトルモデム（13）黄緑5g
針／2本棒針（9号）、かぎ針（7号）
その他／内袋用布33×78cm、カラーテープ2cm幅80cm

ゲージ
16目21.5段（10cm四方）

サイズ
横30cm×縦36cm×持ち手35cm

編み方
糸は、**A**は「キッドモヘアファイン」3本と「ブライトNo.2」1本を引き揃えて4本どり、**D**は2本どり、それ以外は1本どりで編む。

・指に糸をかける方法で50目作り目し（作り目＝1段目）、前側は3段目から縦に糸を渡す方法で編み込みを始める。後ろ側は**A**の糸でメリヤス編みを78段編む。
・完成した編み地にアイロンのスチームをあて、刺しゅうをする。
・前後の底部分をメリヤスはぎでつなげる。
・両脇をすくいとじし、袋状にする。入れ口は**A**の糸で縁編みをする。
・持ち手を**A**の糸で編み、カラーテープを縫い付け両脇を巻きかがる。
・持ち手を本体の指定位置にしつけ糸で留める。
・内袋用布をミシンで袋状に縫い、バッグ本体にミシンで縫い付ける。すべてのしつけ糸を外す。

○刺しゅう図

目の刺し方
Dで目の輪郭と眼球を刺し、最後に中央に**B**を短く刺す。

○内袋

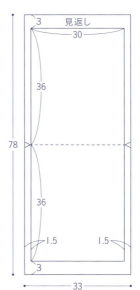

○持ち手
こま編みで4本編む。

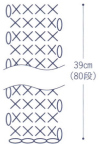

○持ち手位置
編み地と内袋の間に持ち手をはさみ込む。

○本体（前）

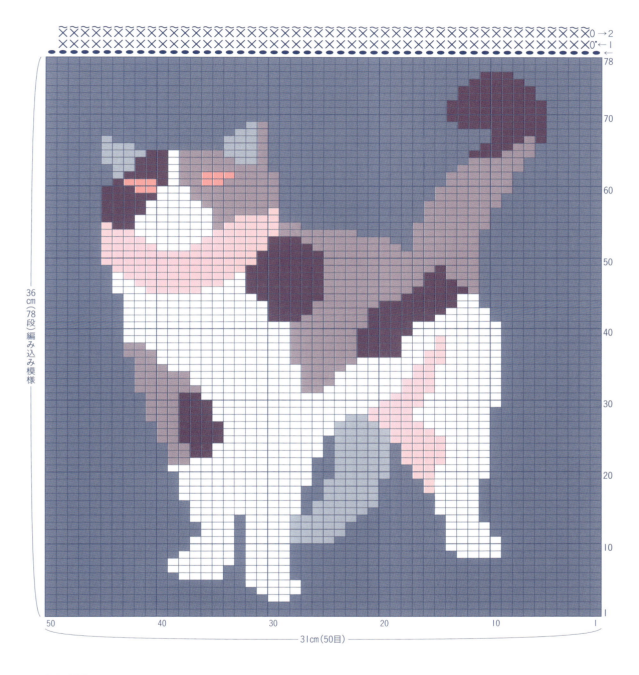

配色
- □ = | 表目
- ■ = A（黒×シルバー）
- □ = B（白）
- ■ = C（キャメル）
- ■ = D（濃オリーブ）
- ■ = E（生成り）
- ■ = F（ライトベージュ）
- ■ = G（黄緑）

11 クマ Bear → p.18

用意するもの
糸／**A**：パピー／ブリティッシュエロイカ（180）ピンク140g
　　B：パピー／プリンセスアニー（528）アイボリー13g
　　　　　　　　　　　　　　　　　　※2本どりで使用
　　C：パピー／ブリティッシュエロイカ（173）
　　　　グレーベージュ10g
　　D：パピー／ブリティッシュエロイカ（192）ブラウン10g
　　E：パピー／ブリティッシュエロイカ（161）焦げ茶10g
　　F：パピー／ブリティッシュエロイカ（205）杢黒5g
針／2本棒針（9号）、かぎ針（7号）
その他／内袋用布33×76cm、カラーテープ2cm幅70cm

ゲージ
15目20.5段（10cm四方）

サイズ
横30cm×縦35cm×持ち手30cm

編み方
糸は、**B**は2本どり、それ以外は1本どりで編む。
・指に糸をかける方法で46目作り目し（作り目＝1段目）、前側は3段目から縦に糸を渡す方法で編み込みを始める。後ろ側は**A**の糸でメリヤス編みを72段編む。
・完成した編み地にアイロンのスチームをあて、刺しゅうを留める。
・前後の底部分をメリヤスはぎでつなげ、アイロンのスチームをあてる。
・両脇をすくいとじし、袋状にする。入れ口の縁編みは**A**の糸で拾い目をしながら6目編んだら2目一度を繰り返し、11目減らす。
・持ち手を**A**の糸で編み、カラーテープを縫い付け両脇を巻きかがる。
・持ち手を本体の指定位置にしつけ糸で留める。
・内袋用布をミシンで袋状に縫い、バッグ本体にミシンで縫い付ける。すべてのしつけ糸を外す。

○刺しゅう図

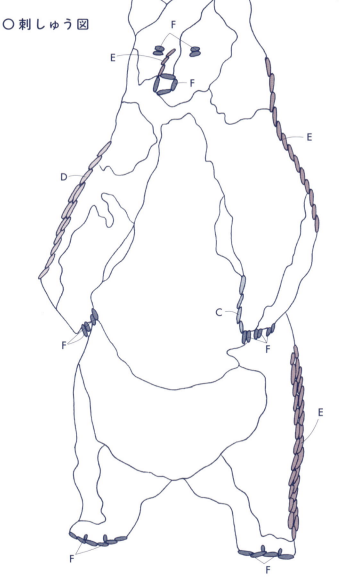

○内袋

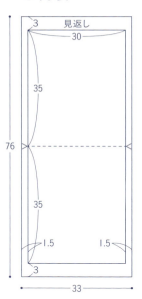

○持ち手
こま編みで4本編む。

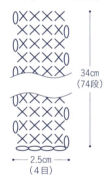

○持ち手位置
編み地と内袋の間に持ち手をはさみ込む。

○ 本体 (前)

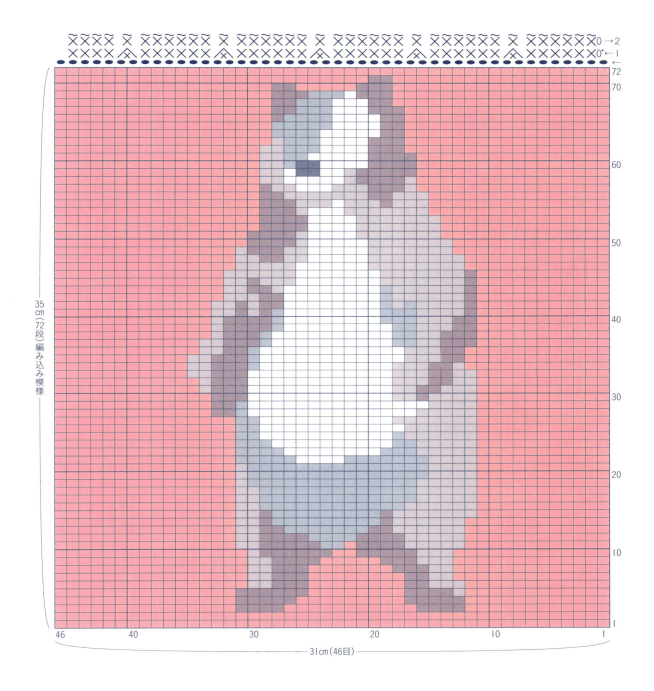

12 キリン　Giraffe　→ p.19

用意するもの
糸／A：パピー／ブリティッシュエロイカ（146）杢グレー165g
　　B：パピー／プリンセスアニー（528）アイボリー11g
　　　　※2本どりで使用
　　C：パピー／プリンセスアニー（551）黄色11g
　　　　※2本どりで使用
　　D：パピー／ブリティッシュエロイカ（201）赤茶10g
　　E：パピー／ブリティッシュエロイカ（161）焦げ茶10g
　　F：パピー／ブリティッシュエロイカ（205）杢黒5g
針／2本棒針（9号）、かぎ針（7号）
その他／内袋用布31×74cm、カラーテープ2cm幅112cm

ゲージ
15.5目21段（10cm四方）

サイズ
横28cm×縦34cm×持ち手51cm

編み方
糸は、BとCは2本どり、それ以外は1本どりで編む。

・指に糸をかける方法で45目作り目し（作り目＝1段目）、前側は2段目から縦に糸を渡す方法で編み込みを始める。後ろ側はAの糸でメリヤス編みを72段編む。
・完成した編み地にアイロンのスチームをあて、刺しゅうをする。
・前後の底部分をメリヤスはぎでつなげ、アイロンのスチームをあてる。
・両脇をすくいとじし、袋状にする。入れ口の縁編みはAの糸で拾い目をしながら6目編んだら2目一度を繰り返し、10目減らす。
・持ち手をAの糸で編み、カラーテープを縫い付け両脇を巻きかがる。
・持ち手を本体の指定位置にしつけ糸で留める。
・内袋用布をミシンで袋状に縫い、バッグ本体にミシンで縫い付ける。すべてのしつけ糸を外す。

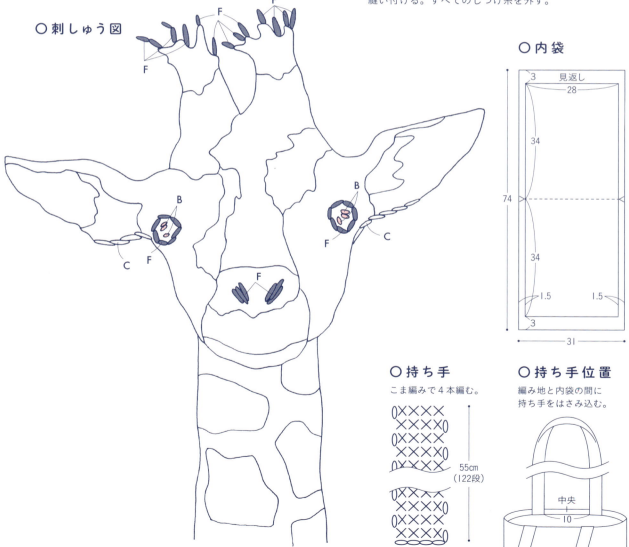

○本体（前）

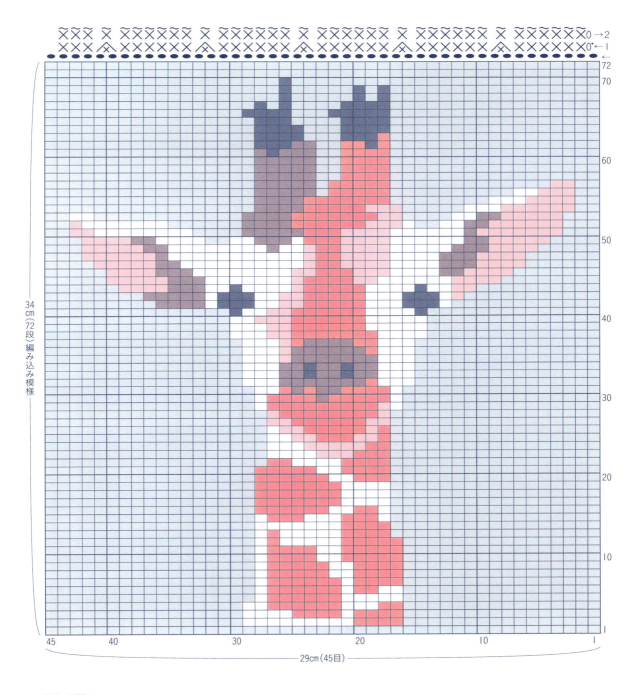

13 柴犬　Shiba inu　→p.20

用意するもの
糸／A：パピー／ブリティッシュエロイカ（201）赤茶165g
　　 B：パピー／ブリティッシュエロイカ（122）黒25g
　　 C：パピー／ブリティッシュエロイカ（134）生成り15g
　　 D：パピー／プリンセスアニー（528）アイボリー6g
　　　　　　　　　　　　　　　　　　 ※2本どりで使用
　　 E：パピー／ブリティッシュエロイカ（159）濃グレー10g
　　 F：パピー／ブリティッシュエロイカ（180）ピンク5g
針／2本棒針（9号）、かぎ針（7号）
その他／内袋用布32×78cm、カラーテープ2cm幅112cm

ゲージ
16目20.5段（10cm四方）

サイズ
横29cm×縦36cm×持ち手51cm

編み方
糸は、Dは2本どり、それ以外は1本どりで編む。
・指に糸をかける方法で47目作り目し（作り目＝1段目）、前側は3段目から縦に糸を渡す方法で編み込みを始める。後ろ側はAの糸でメリヤス編みを74段編む。
・完成した編み地にアイロンのスチームをあて、刺しゅうをする。
・前後の底部分をメリヤスはぎでつなげ、アイロンのスチームをあてる。
・両脇をすくいとじし、袋状にする。入れ口の縁編みはAの糸で拾い目をしながら6目編んだら2目一度を繰り返し、11目減らす。
・持ち手をAの糸で編み、カラーテープを縫い付け両脇を巻きかがる。
・持ち手を本体の指定位置にしつけ糸で留める。
・内袋用布をミシンで袋状に縫い、バッグ本体にミシンで縫い付ける。すべてのしつけ糸を外す。

○刺しゅう図

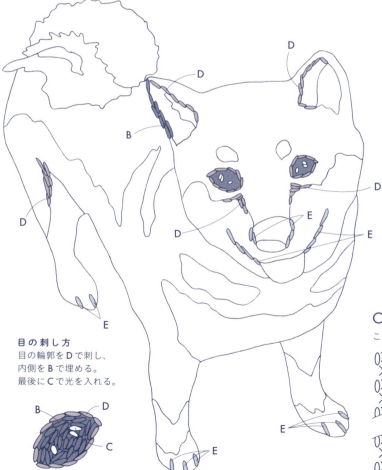

目の刺し方
目の輪郭をDで刺し、内側をBで埋める。最後にCで光を入れる。

B、C、Eは1本どり、Dは目の輪郭のみ1本どり、それ以外は2本どり。

○内袋

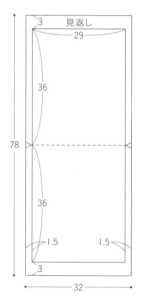

○持ち手
こま編みで4本編む。

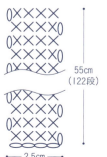

○持ち手位置
編み地と内袋の間に持ち手をはさみ込む。

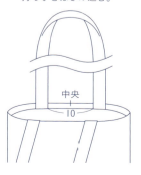

○ 本体（前）

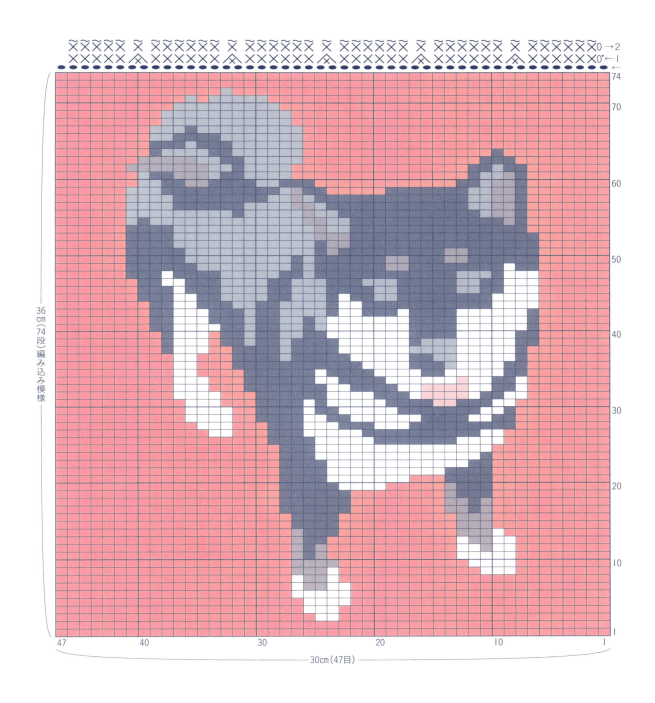

14 パンダ　　Panda　　→ p.22

用意するもの
糸／A：パピー／ブリティッシュエロイカ（168）赤125g
　　B：パピー／ブリティッシュエロイカ（122）黒20g
　　C：パピー／ブリティッシュエロイカ（143）ベージュ15g
　　D：パピー／ブリティッシュエロイカ（134）生成り10g
　　E：パピー／ブリティッシュエロイカ（120）グレー5g
針／2本棒針（9号）、かぎ針（7号）
その他／内袋用布31×72cm、カラーテープ2cm幅76cm

ゲージ
15.5目21.5段（10cm四方）

サイズ
横28cm×縦33cm×持ち手33cm

編み方
糸は1本どりで編む。

・指に糸をかける方法で45目作り目し（作り目＝1段目）、前側は9段目、後ろ側は15段目から縦に糸を渡す方法で編み込みを始める。
・完成した編み地にアイロンのスチームをあて、刺しゅうをする。
・前後の底部分をメリヤスはぎでつなげ、アイロンのスチームをあてる。
・両脇をすくいとじし、袋状にする。入れ口の縁編みはAの糸で拾い目をしながら6目編んだら2目一度を繰り返し、10目減らす。
・持ち手をAの糸で編み、カラーテープを縫い付け両脇を巻きかがる。
・持ち手を本体の指定位置にしつけ糸で留める。
・内袋用布をミシンで袋状に縫い、バッグ本体にミシンで縫い付ける。すべてのしつけ糸を外す。

○本体（前）

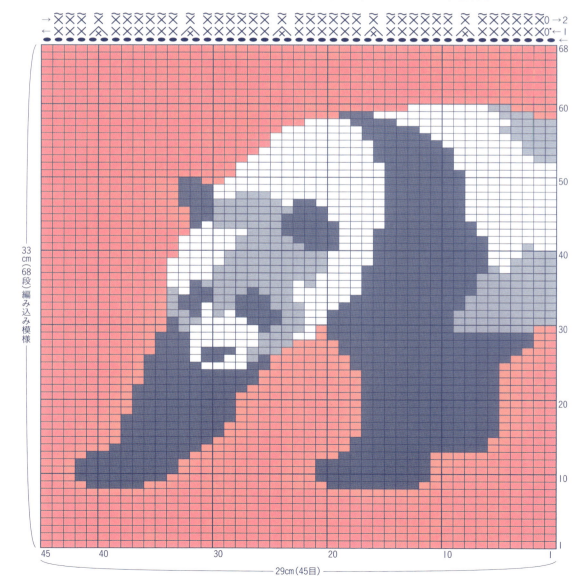

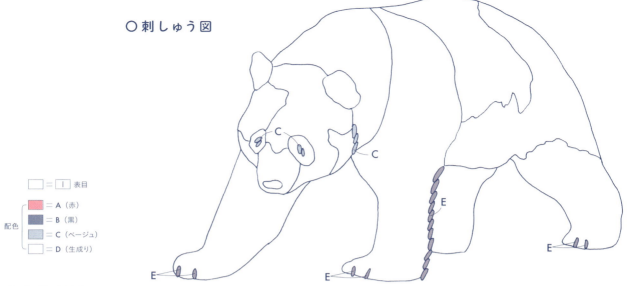
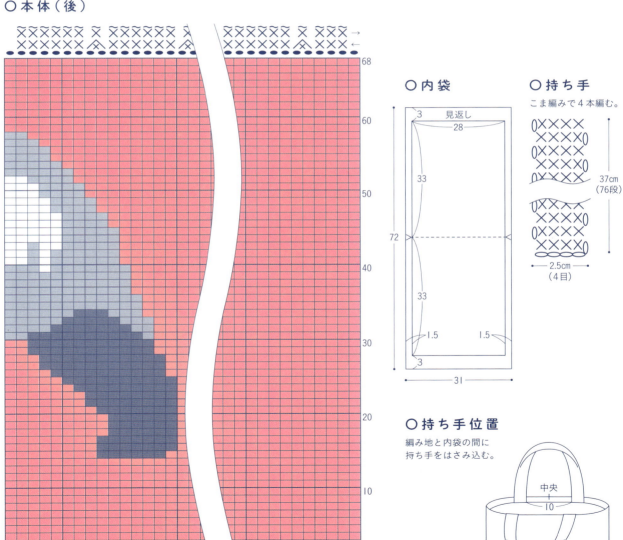

15 子鹿 Fawn → p.23

用意するもの
糸／A：パピー／ブリティッシュエロイカ（197）
　　　　　　　　　　オリーブグリーン160g
　　B：パピー／プリンセスアニー（528）アイボリー22g
　　　　　　　　　　※2本どりで使用
　　C：パピー／ブリティッシュエロイカ（143）ベージュ15g
　　D：パピー／ブリティッシュエロイカ（201）赤茶10g
　　E：パピー／ブリティッシュエロイカ（205）杢黒10g
　　F：パピー／ブリティッシュエロイカ（173）
　　　　　　　　　　グレーベージュ5g
　　G：パピー／ブリティッシュエロイカ（125）白5g
針／2本棒針（9号）、かぎ針（7号）
その他／内袋用布33×82cm、カラーテープ2cm幅64cm

ゲージ
16目21段（10cm四方）

サイズ
横30cm×縦38cm×持ち手27cm

編み方
糸は、Bは2本どり、それ以外は1本どりで編む。

・指に糸をかける方法で50目作り目し（作り目＝1段目）、前側は3段目から縦に糸を渡す方法で編み込みを始める。後ろ側はAの糸でメリヤス編みを80段編む。
・完成した編み地にアイロンのスチームをあて、刺しゅうをする。
・前後の底部分をメリヤスはぎでつなげ、アイロンのスチームをあてる。
・両脇をすくいとじし、袋状にする。入れ口の縁編みはAの糸で拾い目をしながら6目編んだら2目一度を繰り返し、12目減らす。
・持ち手をAの糸で編み、カラーテープを縫い付け両脇を巻きかがる。
・持ち手を本体の指定位置にしつけ糸で留める。
・内袋用布をミシンで袋状に縫い、バッグ本体にミシンで縫い付ける。すべてのしつけ糸を外す。

○刺しゅう図

○持ち手
こま編みで4本編む。

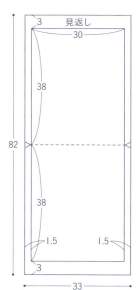

○内袋

○持ち手位置
編み地と内袋の間に持ち手をはさみ込む。

○本体（前）

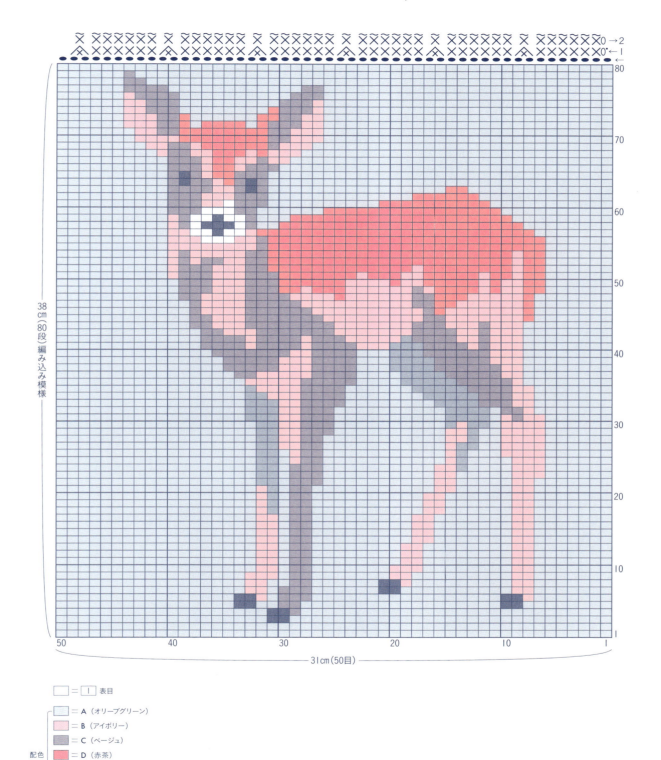

　　　□ = | 表目
　　　□ = A（オリーブグリーン）
　　　□ = B（アイボリー）
　　　□ = C（ベージュ）
配色　□ = D（赤茶）
　　　□ = E（杢黒）
　　　□ = F（グレーベージュ）
　　　□ = G（白）

97

16 ツバメ Swallow → p.26

用意するもの
糸／A：DARUMA／ウールモヘヤ（3）ミント85g
　　B：リッチモア／スペクトルモデム（3）生成り5g
　　C：リッチモア／スペクトルモデム（2）ライトベージュ5g
　　D：リッチモア／スペクトルモデム（27）オレンジ5g
　　E：リッチモア／スペクトルモデム（22）青5g
　　F：リッチモア／スペクトルモデム（46）黒5g
　　G：リッチモア／スペクトルモデム（38）緑5g
　　H：リッチモア／スペクトルモデム（13）黄緑5g
針／2本棒針（9号）、かぎ針（7号）
その他／内袋用布33×76cm、カラーテープ2cm幅70cm

ゲージ
15目20段（10cm四方）

サイズ
横30cm×縦35cm×持ち手30cm

編み方
糸は1本どりで編む。

・指に糸をかける方法で47目作り目し（作り目＝1段目）、前後とも2段目から縦に糸を渡す方法で編み込みを始める。
・完成した編み地にアイロンのスチームをあて、刺しゅうをする。
・前後の底部分をメリヤスはぎでつなげ、アイロンスチームをあてる。
・両脇をすくいとじし、袋状にする。入れ口にAの糸で縁編みをする。
・持ち手をAの糸で編み、カラーテープを縫い付け両脇を巻きかがる。
・持ち手を本体の指定位置にしつけ糸で留める。
・内袋用布をミシンで袋状に縫い、バッグ本体にミシンで縫い付ける。すべてのしつけ糸を外す。

○本体（前）

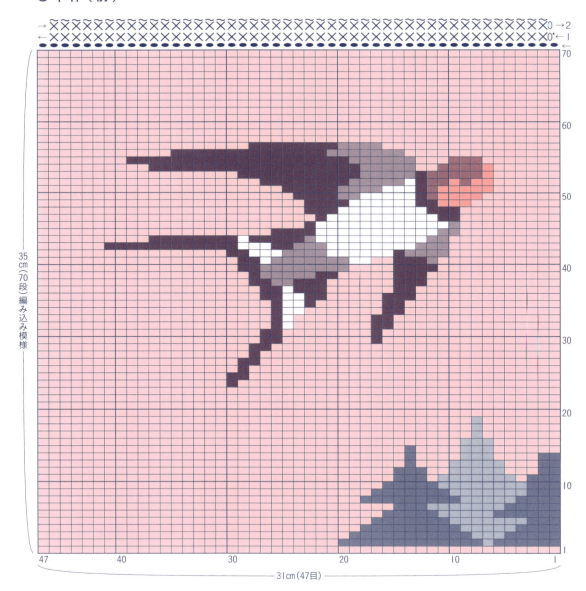

○ 刺しゅう図

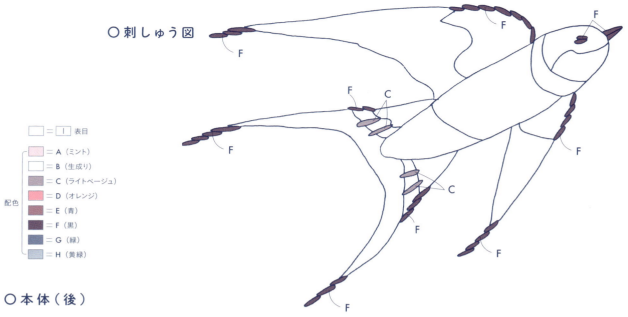

配色
□ = ☐ 表目
□ = A (ミント)
□ = B (生成り)
□ = C (ライトベージュ)
□ = D (オレンジ)
□ = E (青)
□ = F (黒)
□ = G (緑)
□ = H (黄緑)

○ 本体（後）

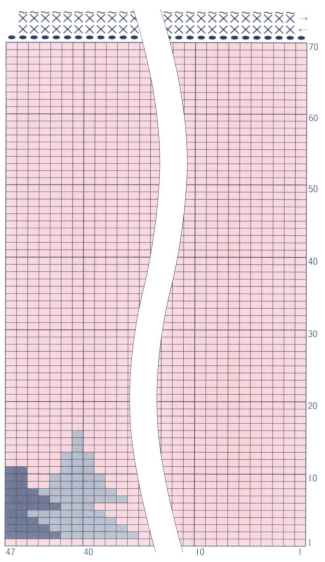

○ 内袋

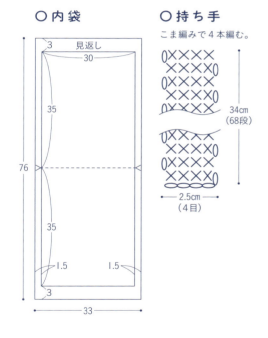

○ 持ち手

こま編みで4本編む。

34cm
(68段)

2.5cm
(4目)

○ 持ち手位置

編み地と内袋の間に
持ち手をはさみ込む。

99

17 メンフクロウ　Barn owl　→ p.27

用意するもの
糸／**A**：パピー／ブリティッシュエロイカ（203）山吹色100g
　　B：パピー／ブリティッシュエロイカ（125）白10g
　　C：パピー／ブリティッシュエロイカ（143）ベージュ10g
　　D：パピー／ブリティッシュエロイカ（173）
　　　　グレーベージュ10g
　　E：パピー／ブリティッシュエロイカ（192）ブラウン5g
　　F：パピー／ブリティッシュエロイカ（205）杢黒5g
　　G：パピー／ペリジ（811）ふわ白10g
針／2本棒針（9号）、かぎ針（7号）
その他／内袋用布25×58cm、カラーテープ2cm幅78cm

ゲージ
16目21.5段（10cm四方）

サイズ
横22cm×縦26cm×持ち手34cm

編み方
糸は1本どりで編む。

- 指に糸をかける方法で37目作り目し（作り目＝1段目）、前側は2段目から縦に糸を渡す方法で編み込みを始める。**G**の糸は他の糸より太いのできつく編む。後ろ側は**A**の糸でメリヤス編みを56段編む。
- 完成した編み地にアイロンのスチームをあて、刺しゅうをする。
- 前後の底部分をメリヤスはぎでつなげ、アイロンのスチームをあてる。
- 両脇をすくいとじし、袋状にする。入れ口の縁編みは**A**の糸で拾い目をしながら6目編んだら2目一度を繰り返し、8目減らす。
- 持ち手を**A**の糸で編み、カラーテープを縫い付け両脇を巻きかがる。
- 持ち手を本体の指定位置にしつけ糸で留める。
- 内袋用布をミシンで袋状に縫い、バッグ本体にミシンで縫い付ける。すべてのしつけ糸を外す。

○刺しゅう図

○内袋

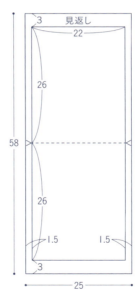

○持ち手
こま編みで4本編む。

○持ち手位置
編み地と内袋の間に持ち手をはさみ込む。

○ 本体（前）

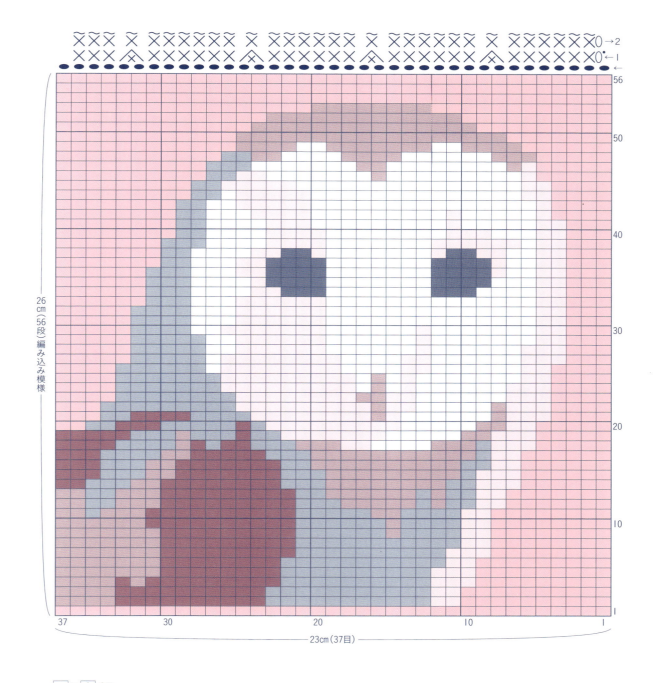

```
      □ = | 表目
      □ = A（山吹色）
      □ = B（白）
配色  □ = C（ベージュ）
      □ = D（グレーベージュ）
      □ = E（ブラウン）
      □ = F（杢黒）
      □ = G（ふわ白）
```

18 コノハズク　Scops owl　→ p.28

用意するもの
糸／A：パピー／ブリティッシュエロイカ（101）ネイビー175g
　　B：パピー／ブリティッシュエロイカ（161）焦げ茶20g
　　C：パピー／プリンセスアニー（528）アイボリー16g
　　　　　　　　　　　　　　　　　※2本どりで使用
　　D：パピー／ブリティッシュエロイカ（200）ピンクベージュ15g
　　E：パピー／ブリティッシュエロイカ（192）ブラウン15g
　　F：パピー／ブリティッシュエロイカ（134）生成り10g
　　G：パピー／ブリティッシュエロイカ（205）杢黒10g
　　H：パピー／ブリティッシュエロイカ（186）オレンジ5g
　　I：パピー／プリンセスアニー（551）黄色6g
　　　　　　　　　　　　　　　　　※2本どりで使用
針／2本棒針（9号）、かぎ針（7号）
その他／内袋用布36×76cm、カラーテープ2cm幅130cm
ゲージ
16目20.5段（10cm四方）
サイズ
横33cm×縦35cm×持ち手60cm

編み方
糸は、CとIは2本どり、それ以外は1本どりで編む。
・指に糸をかける方法で54目作り目（作り目＝1段目）、前側は2段目から縦に糸を渡す方法で編み込みを始める。後ろ側はAの糸でメリヤス編みを72段編む。
・完成した編み地にスチームアイロンをあて、刺しゅうをする。
・前後の底部分をメリヤスはぎでつなげ、アイロンのスチームをあてる。
・両脇をすくいとじし、袋状にする。入れ口の縁編みはAの糸で拾い目をしながら6目編んだら2目一度を繰り返し、13目減らす。
・持ち手をAの糸で編み、カラーテープを縫い付け両脇を巻きかがる。
・持ち手を本体の指定位置にしつけ糸で留める。
・内袋用布をミシンで袋状に縫い、バッグ本体にミシンで縫い付ける。すべてのしつけ糸を外す。

○刺しゅう図

目の刺し方
Gで目の輪郭を丸く刺し、その内側をHで刺す。最後にFで光を入れる。

くちばしの刺し方
Eで図のような形に刺し、内側をIで埋める。

○持ち手
こま編みで4本編む。

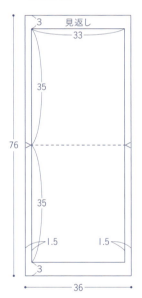

○内袋

○持ち手位置
編み地と内袋の間に持ち手をはさみ込む。

○ 本体（前）

103

19 カンムリワシ | Crested serpent eagle | → p.29

用意するもの

糸／Ａ：パピー／クイーンアニー（962）水色200g
　　Ｂ：パピー／クイーンアニー（991）ベージュグレー15g
　　Ｃ：パピー／クイーンアニー（831）焦げ茶15g
　　Ｄ：パピー／クイーンアニー（869）オフホワイト10g
　　Ｅ：パピー／クイーンアニー（812）ベージュ10g
　　Ｆ：パピー／クイーンアニー（978）オールドローズ10g
　　Ｇ：パピー／クイーンアニー（104）レモンイエロー5g
針／2本棒針（7号）、かぎ針（6号）
その他／内袋用布38×88cm、カラーテープ2cm幅120cm

ゲージ

17目24段（10cm四方）

サイズ

横35cm×縦41cm×持ち手55cm

編み方

糸は1本どりで編む。

・指に糸をかける方法で62目作り目し（作り目＝1段目）、
　前側は8段目から縦に糸を渡す方法で編み込みを始める。
　後ろ側はＡの糸でメリヤス編みを100段編む。

・完成した編み地にアイロンのスチームをあて、刺しゅう
　をする。

・前後の底部分をメリヤスはぎでつなげ、アイロンのスチー
　ムをあてる。

・両脇をすくいとじし、袋状にする。入れ口はＡの糸で
　縁編みをする。

・持ち手をＡの糸で編み、カラーテープを縫い付け両脇を
　巻きかがる。

・持ち手を本体の指定位置にしつけ糸で留める。

・内袋用布をミシンで袋状に縫い、バッグ本体にミシンで
　縫い付ける。すべてのしつけ糸を外す。

○刺しゅう図

目の刺し方
Ｃを短く刺し、周りを
Ｂで囲む。

○内袋

見返し 3
35
41
88
41
1.5　1.5
3
38

○持ち手

こま編みで4本編む。

59cm
（140段）

2.5cm
（5目）

○持ち手位置

編み地と内袋の間に
持ち手をはさみ込む。

中央
12

○ 本体 (前)

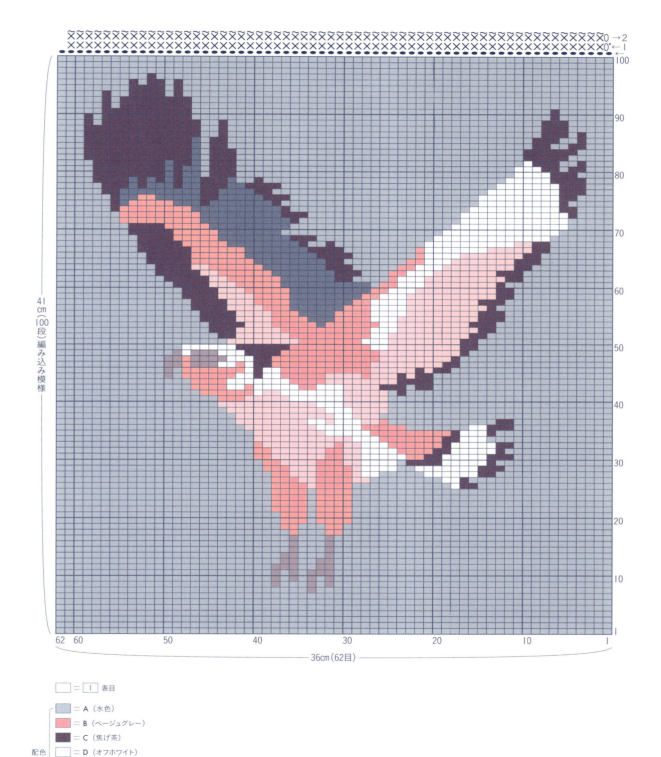

105

20 トナカイマフラー | Reindeer scarf | → p.30

用意するもの
糸／A：パピー／ブリティッシュエロイカ（183）赤紫65g
　　B：パピー／プリンセスアニー（528）アイボリー44g
　　　　　　　　　　　　　　　　※2本どりで使用
　　C：パピー／ブリティッシュエロイカ（192）ブラウン35g
　　D：パピー／ペリジ（1311）ふわグレー50g
針／2本棒針（前側9号、後ろ側8mm）
ゲージ
前側14目22段（10cm四方）
後ろ側7目14段（10cm四方）
サイズ
幅14cm×長さ145cm

編み方
糸は、Bは2本どり、それ以外は1本どりで編む。

・指に糸をかける方法で21目作り目し（作り目＝1段目）、前側は10段目から縦に糸を渡す方法で編み込みを始める。128段の模様を2回繰り返し、さらに62段目まで編み、表側で伏せ止めをする。後ろ側も同じようにDの糸で11目作り目し、メリヤス編みで204段編む。

・完成した編み地の前側のみにアイロンのスチームをあて、刺しゅうをする。

・前後のバランスを確認しながらまち針で両脇を留め、ずれないようにすくいとじをする（後ろ側は目が大きいので半目すくう）。上下はAの糸で巻きかがる。後ろ側を外側にして使うとよりフワフワな手触りが楽しめる。

21 ネコマフラー | Cat scarf | → p.30

用意するもの
糸／A：パピー／ペリジ（1386）ふわピンク100g位
　　B：パピー／クイーンアニー（954）チャコールグレー15g
　　C：パピー／クイーンアニー（869）オフホワイト15g
　　D：パピー／クイーンアニー（976）ライトベージュ10g
　　E：パピー／クイーンアニー（991）ベージュグレー160g
　　F：パピー／クイーンアニー（833）グレー5g
　　G：パピー／クイーンアニー（962）水色5g
針／2本棒針（前側7号、後ろ側13号）
ゲージ
前側16目25段（10cm四方）
後ろ側10目10段（10cm四方）
サイズ
幅21cm×長さ170cm

編み方
糸は1本どりで編む。

・指に糸をかける方法で35目作り目し（作り目＝1段目）、前側は2段目から縦に糸を渡す方法で編み込みを始め72段編む。73段目からはメリヤス編みで420段まで編み、表側で伏せ止めをする。後ろ側も同じようにAの糸で22目作り目し、メリヤス編みで170段編む。

・完成した編み地の前側のみにアイロンのスチームをあて、刺しゅうをする（p.84参照）。

・前後のバランスを確認しながらまち針で両脇を留め、ずれないようにすくいとじをする（後ろ側は目が大きいので半目すくう）。上はEの糸、下はDの糸で巻きかがる。

22 ライオンマフラー | Lion scarf | → p.31

用意するもの
糸／A：DARUMA／原毛に近いメリノウール（9）
　　　　ダークグレー80g
　　B：DARUMA／原毛に近いメリノウール（11）
　　　　ダークブラウン35g
　　C：DARUMA／原毛に近いメリノウール（18）
　　　　ディープオレンジ25g
　　D：DARUMA／原毛に近いメリノウール（16）
　　　　サンドベージュ15g
　　E：パピー／ブリティッシュエロイカ（203）山吹色42g
　　F：リッチモア／スペクトルモデム（11）アイボリー30g
　　G：DARUMA／フェイクファー（3）キャメル13m
針／2本棒針（8号）

ゲージ
前側・後ろ側16目25段（10cm四方）
サイズ
幅17cm×長さ157cm

編み方
糸は1本どりで編む。

・指に糸をかける方法でFの糸で29目作り目し（作り目＝1段目）、前側は2段目から縦に糸を渡す方法で編み込みを始め、98段の模様を4回繰り返して392段目まで編み、表側で伏せ止めをする。後ろ側も同じようにAの糸で29目作り目し、メリヤス編みで392段編む。

・完成した編み地にアイロンのスチームをあて、刺しゅうをする。

・前後のバランスを確認しながら、両脇をすくいとじにし、上はEの糸、下はFの糸で巻きかがる。

トナカイマフラー

○ 刺しゅう図

○ 本体（前）

128段を2回繰り返し、3回目の62段まで編んだら伏せ止め

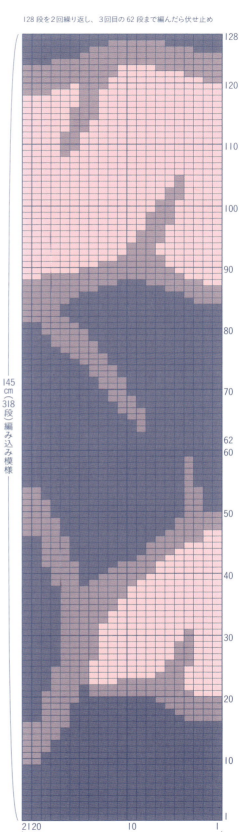

145cm（318段）編み込み模様

15cm（21目）

配色
□ = ｜ 表目
■ = A（赤紫）
□ = B（アイボリー）
■ = C（ブラウン）

107

ネコマフラー

○ 刺しゅう図
p.84参照

○ 本体（前）

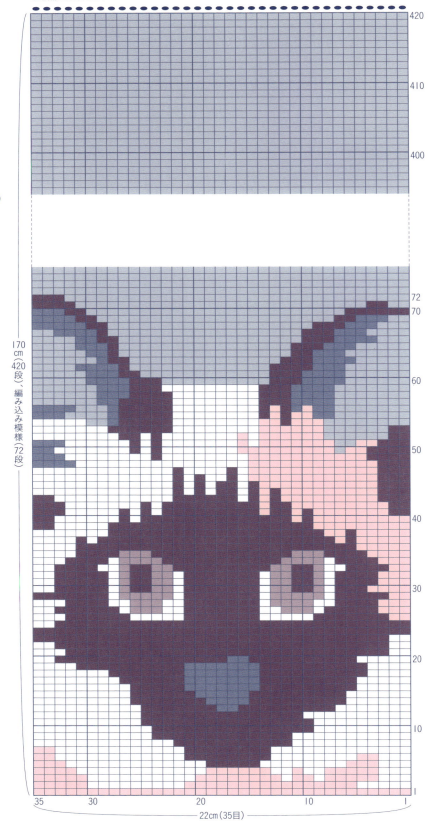

配色
- ■ = B（チャコールグレー）
- □ = C（オフホワイト）
- ■ = D（ライトベージュ）
- ■ = E（ベージュグレー）
- ■ = F（グレー）
- ■ = G（水色）

□ = | 表目

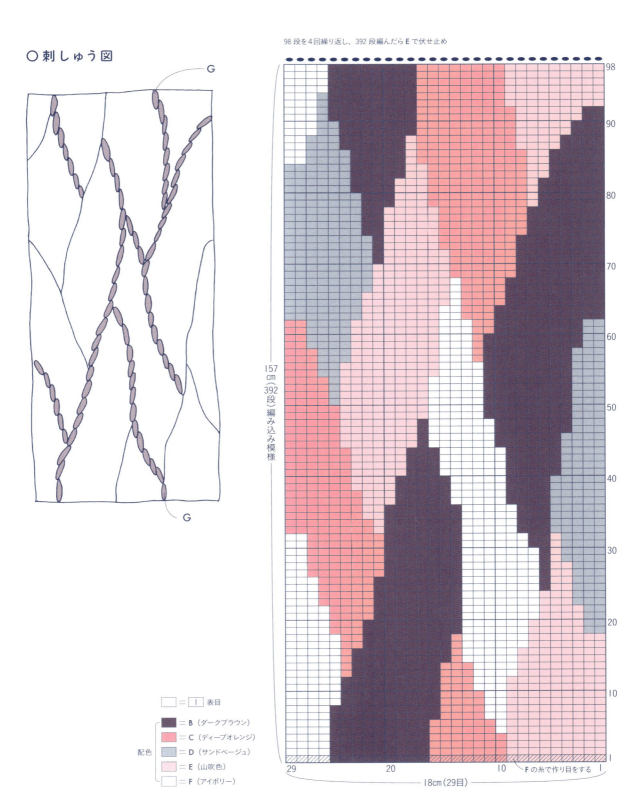

23 ライオン Lion → p.34

用意するもの
糸／**A**：DARUMA／原毛に近いメリノウール（9）
　　　ダークグレー105g
　　B：DARUMA／原毛に近いメリノウール（18）
　　　ディープオレンジ10g
　　C：DARUMA／原毛に近いメリノウール（11）
　　　ダークブラウン10g
　　D：DARUMA／原毛に近いメリノウール（16）
　　　サンドベージュ5g
　　E：パピー／ブリティッシュエロイカ（203）山吹色18g
　　F：リッチモア／スペクトルモデム（11）アイボリー10g
　　G：リッチモア／スペクトルモデム（2）ライトベージュ10g
　　H：リッチモア／スペクトルモデム（46）黒5g
　　I：DARUMA／フェイクファー（3）キャメル5m
針／2本棒針（8号）、かぎ針（6号）
その他／内袋用布38×86cm、カラーテープ2cm幅142cm

ゲージ
16.5目22.5段（10cm四方）

サイズ
横35cm×縦40cm×持ち手66cm

編み方
糸は1本どりで編む。
・指に糸をかける方法で59目作り目（作り目＝1段目）、前側は2段目から縦に糸を渡す方法で編み込みを始める。後ろ側は**A**の糸でメリヤス編みを90段編む。
・完成した編み地にアイロンのスチームをあて、刺しゅうをする。
・前後の底部分をメリヤスはぎでつなげ、アイロンのスチームをあてる。
・両脇をすくいとじし、袋状にする。入れ口の縁編みは**A**の糸で拾い目をしながら7目編んだら2目一度を繰り返し、12目減らす。
・持ち手を**A**の糸で編み、カラーテープを縫い付け両脇を巻きかがる。
・持ち手を本体の指定位置にしつけ糸で留める。
・内袋用布をミシンで袋状に縫い、バッグ本体にミシンで縫い付ける。すべてのしつけ糸を外す。

○内袋
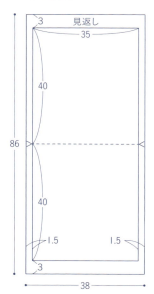

○刺しゅう図

○持ち手
こま編みで4本編む。
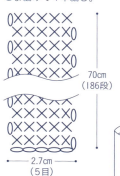

○持ち手位置
編み地と内袋の間に持ち手をはさみ込む。
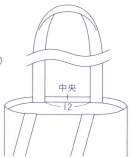

〇本体（前）

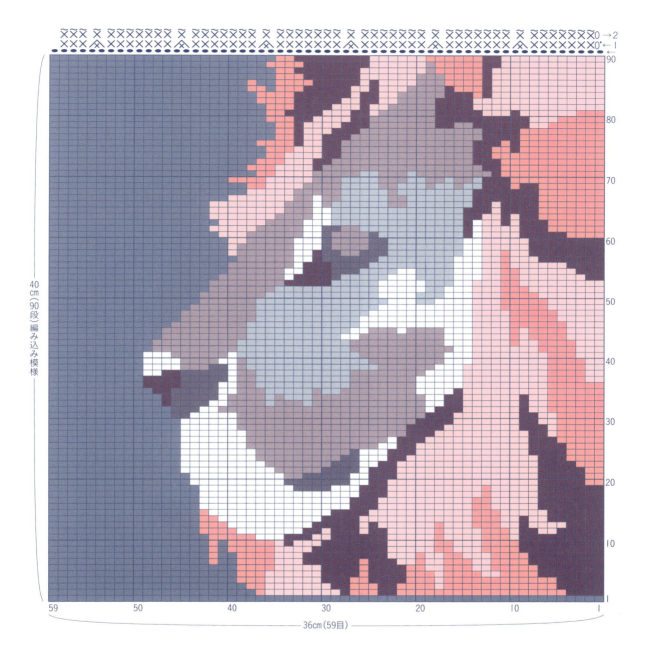

24 オオカミ　Wolf　→ p.35

用意するもの
糸／A：パピー／ソフトドネガル（5229）ライトグレー95g
　　B：パピー／ブリティッシュエロイカ（161）焦げ茶25g
　　C：パピー／プリンセスアニー（528）アイボリー16g
　　　　　　　　　　　　　　　※2本どりで使用
　　D：パピー／ブリティッシュエロイカ（173）
　　　　グレーベージュ15g
　　E：パピー／ブリティッシュエロイカ（134）生成り10g
　　F：パピー／ブリティッシュエロイカ（205）杢黒10g
　　G：パピー／ペリジ（1311）ふわグレー10g
針／2本棒針（9号）、かぎ針（7号）
その他／内袋用布31×78cm、カラーテープ2cm幅64cm

ゲージ
前側16.5目22段（10cm四方）
後ろ側16.5目25段（10cm四方）

サイズ
横28cm×縦36cm×持ち手27cm

編み方
糸は、Cは2本どり、それ以外は1本どりで編む。

・指に糸をかける方法で48目作り目し（作り目＝1段目）、前側は2段目から縦に糸を渡す方法で編み込みを始める。Gの糸は他の糸より太いのできつく編む。後ろ側はAの糸でメリヤス編みを90段編む（前側より10段多く編む）。
・完成した編み地にアイロンのスチームをあて、刺しゅうをする。
・前後の底部分をメリヤスはぎでつなげ、アイロンのスチームをあてる。
・両脇をまち針で留め、ずれないようにすくいとじをして袋状にする。入れ口の縁編みは、Aの糸で拾い目をしながら6目編んだら2目一度を繰り返し、11目減らす。
・持ち手をAの糸で編み、カラーテープを縫い付け両脇を巻きかがる。
・持ち手を本体の指定位置にしつけ糸で留める。
・内袋用布をミシンで袋状に縫い、バッグ本体にミシンで縫い付ける。すべてのしつけ糸を外す。

○刺しゅう図

○持ち手
こま編みで4本編む。
31cm（60段）
2.5cm（4目）

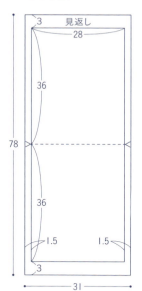

○内袋

○持ち手位置
編み地と内袋の間に持ち手をはさみ込む。

目の刺し方
Fで丸く刺した後、Cを刺す。

○ 本体（前）

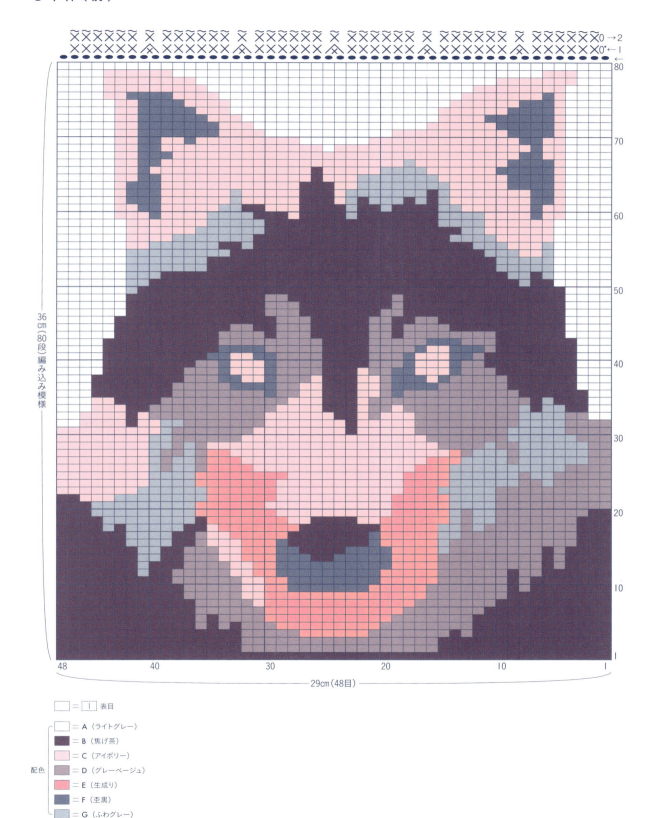

113

25 ヤギ　Goat　→ p.36

用意するもの
糸／**A**：リッチモア／バカラ・エポック（214）グレー132g
　　B：リッチモア／スペクトルモデム（2）ライトベージュ10g
　　C：リッチモア／スペクトルモデム（11）アイボリー10g
　　D：リッチモア／スペクトルモデム（12）キャメル10g
　　E：リッチモア／スペクトルモデム（39）茶色5g
　　F：リッチモア／スペクトルモデム（56）濃グレー5g
　　G：パピー／ペリジ（811）ふわ白5g
　　H：パピー／ペリジ（1315）ふわベージュ5g
針／2本棒針（8号）、かぎ針（6号）
その他／内袋用布33×80cm、カラーテープ1.5cm幅70cm

ゲージ
17目21.5段（10cm四方）

サイズ
横30cm×縦37cm×持ち手30cm

編み方
糸は1本どりで編む。
- 指に糸をかける方法で52目作り目し（作り目＝1段目）、前側は2段目から縦に糸を渡す方法で編み込みを始める。後ろ側はAの糸でメリヤス編みを80段編む。
- 完成した編み地にアイロンのスチームをあて、刺しゅうをする。
- 前後の底部分をメリヤスはぎでつなげ、アイロンのスチームをあてる。
- 両脇をすくいとじし、袋状にする。入れ口はAの糸で縁編みをする。
- 持ち手をAの糸で編み、カラーテープを縫い付け両脇を巻きかがる。
- 持ち手を本体の指定位置にしつけ糸で留める。
- 内袋用布をミシンで袋状に縫い、バッグ本体にミシンで縫い付ける。すべてのしつけ糸を外す。

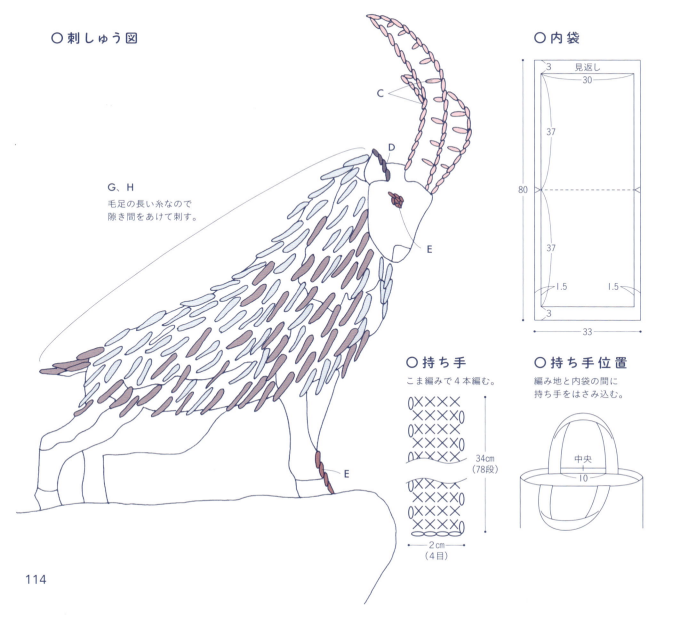

○本体（前）

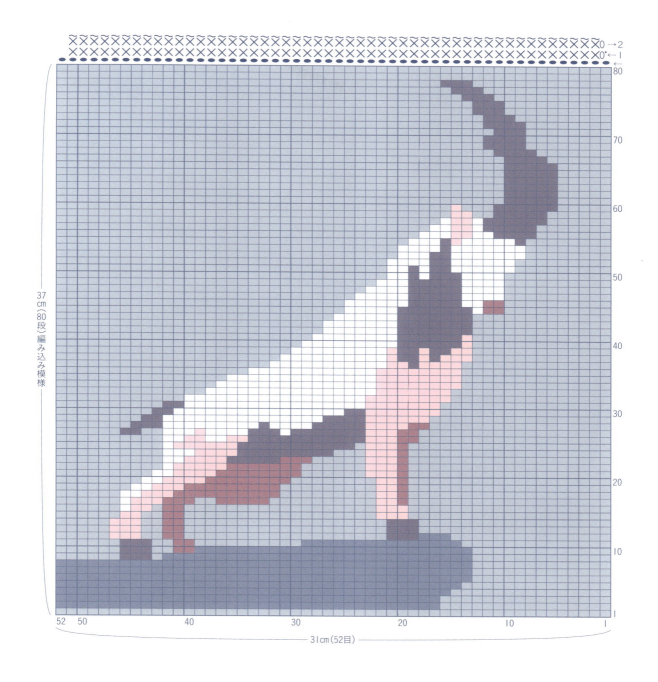

115

26 ロバ　　Donkey　　→ p.37

用意するもの

糸／**A**：DARUMA／ポンポンウール（1）アイボリー×グレー145g
　　B：リッチモア／スペクトルモデム（12）キャメル15g
　　C：パピー／ブリティッシュエロイカ（201）赤茶20g
　　D：リッチモア／スペクトルモデム（3）生成り5g
　　E：リッチモア／スペクトルモデム（50）シルバーグレー5g
　　F：リッチモア／スペクトルモデム（39）茶色5g
　　G：リッチモア／スペクトルモデム（46）黒5g
針／2本棒針（9号）、かぎ針（7号）
その他／内袋用布31×76cm、カラーテープ2cm幅68cm

ゲージ

15目22段（10cm四方）

サイズ

横28cm×縦35cm×持ち手29cm

編み方

糸は1本どりで編む。

・指に糸をかける方法で44目作り目し（作り目＝1段目）、
　前側は2段目から縦に糸を渡す方法で編み込みを始める。
　後ろ側はAの糸でメリヤス編みを76段編む。
・完成した編み地にアイロンのスチームをあて、刺しゅう
　をする。
・前後の底部分をメリヤスはぎでつなげ、アイロンのスチ
　ームをあてる。
・両脇をすくいとじし、袋状にする。入れ口はAの糸で
　縁編みをする。
・持ち手をAの糸で編み、カラーテープを縫い付け両脇を
　巻きかがる。
・持ち手を本体の指定位置にしつけ糸で留める。
・内袋用布をミシンで袋状に縫い、バッグ本体にミシンで
　縫い付ける。すべてのしつけ糸を外す。

○ 刺しゅう図

B、C、F

たてがみはB、C、Fを
隙間なくランダムに
ざくざく刺す。

○ 持ち手

こま編みで4本編む。

33cm
（68段）

── 2.5cm ──
（4目）

○ 内袋

3　見返し
28
35
76
35
1.5　　1.5
3
31

○ 持ち手位置

編み地と内袋の間に
持ち手をはさみ込む。

中央
10

116

○ 本体 (前)

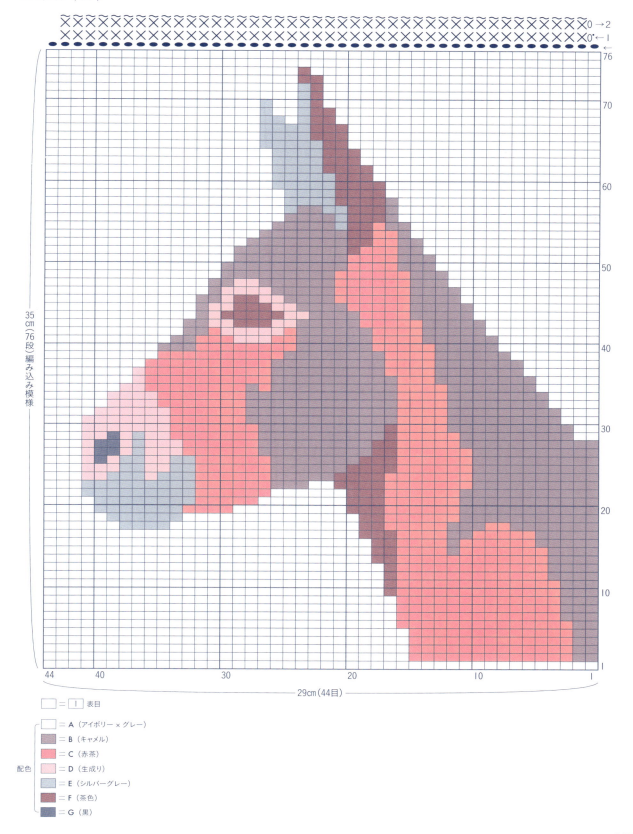

117

27 トナカイ　Reindeer　→ p.38

用意するもの
糸／A：パピー／ブリティッシュエロイカ（190）
　　　ピーコックブルー145g
　　B：パピー／ブリティッシュエロイカ（134）生成り15g
　　C：パピー／プリンセスアニー（528）アイボリー16g
　　　　※2本どりで使用
　　D：パピー／ブリティッシュエロイカ（200）
　　　ピンクベージュ15g
　　E：パピー／ブリティッシュエロイカ（201）赤茶10g
　　F：パピー／ブリティッシュエロイカ（161）焦げ茶5g
　　G：パピー／ブリティッシュエロイカ（205）杢黒5g
針／2本棒針（9号）、かぎ針（7号）
その他／内袋用布35×72cm、カラーテープ2cm幅70cm

ゲージ
15.5目20.5段（10cm四方）

サイズ
横32cm×縦33cm×持ち手30cm

編み方
糸は、Cは2本どり、それ以外は1本どりで編む。
・指に糸をかける方法で51目作り目し（作り目＝1段目）、前側は2段目から縦に糸を渡す方法で編み込みを始める。後ろ側はAの糸でメリヤス編みを68段編む。
・完成した編み地にアイロンのスチームをあて、刺しゅうをする。
・前後の底部分をメリヤスはぎでつなげ、アイロンのスチームをあてる。
・両脇をすくいとじし、袋状にする。入れ口の縁編みはAの糸で拾い目をしながら6目編んだら2目一度を繰り返し、12目減らす。
・持ち手をAの糸で編み、カラーテープを縫い付け両脇を巻きかがる。
・持ち手を本体の指定位置にしつけ糸で留める。
・内袋用布をミシンで袋状に縫い、バッグ本体にミシンで縫い付ける。すべてのしつけ糸を外す。

○刺しゅう図

○内袋

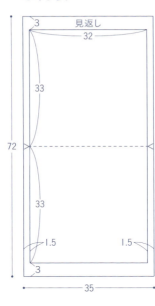

○持ち手
こま編みで4本編む。

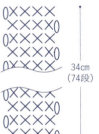

○持ち手位置
編み地と内袋の間に持ち手をはさみ込む。

○ 本体 (前)

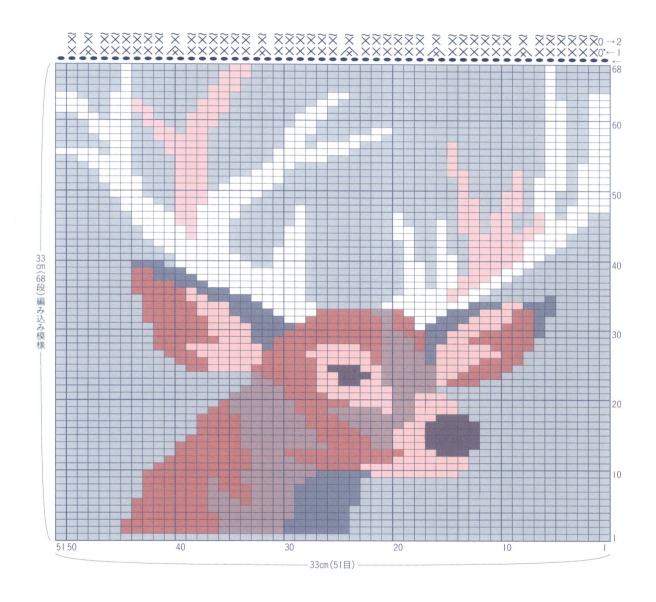

配色
□ = | 表目
= A (ピーコックブルー)
= B (生成り)
= C (アイボリー)
= D (ピンクベージュ)
= E (赤茶)
= F (焦げ茶)
= G (杢黒)

東海えりか　Erika Tokai

2008年より個展・企画展にて作品を発表。現在は作品制作やデザイン考案の傍ら講師活動も務める。著書に『毎日のごきげんニット』（ブティック社）、『東海えりかの編み込みニット』『東海えりかのカラーワーク』（共に日本ヴォーグ社）などがある。
Instagram　@erika_tokai

撮影協力
◯AWABEES　03-5786-1600
◯UTSUWA　03-6447-0070
◯オルネ ド フォイユ
　　https://www.ornedefeuilles.com

撮影／福井裕子
デザイン・装丁／三上祥子（Vaa）
作図／株式会社ウエイド 手芸制作部（関和之、原田鎮郎、木下春圭、稲村穣、森崎達也、渡辺信吾）
制作協力／鈴木貴美子
校正／野中良美
編集／古池日香留
special thanks／東海輝子、原優子、湯浅絵美

素材協力（50音順）
◯DARUMA（横田株式会社）
　大阪府大阪市中央区南久宝寺町2-5-14
　06-6251-2183（代）　https://www.daruma-ito.co.jp
◯パピー（株式会社ダイドーフォワード　パピー）
　東京都千代田区外神田3-1-16 ダイドーリミテッドビル3階
　03-3257-7135　https://www.puppyyarn.com
◯リッチモア（ハマナカ株式会社）
　京都府京都市右京区花園薮ノ下町2番地の3
　075-463-5151（代）　https://hamanaka.jp/

棒針で編み、刺しゅうする 動物模様のかばんとマフラー
増補改訂版
編み込み動物バッグ

2024年10月15日　発行　　　　　　　NDC594

著　　者　　東海えりか
発　行　者　　小川雄一
発　行　所　　株式会社 誠文堂新光社
　　　　　　　〒113-0033 東京都文京区本郷3-3-11
　　　　　　　https://www.seibundo-shinkosha.net/
印刷・製本　　株式会社 大熊整美堂

©Erika Tokai. 2024　　　　　　　　Printed in Japan

本書掲載記事の無断転用を禁じます。

落丁本・乱丁本の場合はお取り替えいたします。

本書の内容に関するお問い合わせは、小社ホームページのお問い合わせフォームをご利用ください。

本書に掲載された記事の著作権は著者に帰属します。これらを無断で使用し、展示・販売・レンタル・講習会などを行うことを禁じます。

[JCOPY] <（一社）出版者著作権管理機構　委託出版物>
本書を無断で複製複写（コピー）することは、著作権法上での例外を除き、禁じられています。本書をコピーされる場合は、そのつど事前に、（一社）出版者著作権管理機構（電話 03-5244-5088／FAX 03-5244-5089／e-mail : info@jcopy.or.jp）の許諾を得てください。

ISBN978-4-416-52483-1